AF176740

Zum Buch

Das Buch führt durch erlebte Ausschnitte von 60 Jahren Zeitgeschichte.

In den Briefen an seine Enkel legt der Autor den Focus weniger auf das individuelle Leben, sondern nimmt vielmehr die gesellschaftlichen und politischen Geschehnisse, das Lebensgefühl der Zeit in den Blick. Auf diese Weise schlägt er immer wieder den Bogen über die Vergangenheit bis in die Gegenwart und stellt so das Erlebte in einen größeren Rahmen. Die Sichtweise ist subjektiv und persönlich und macht aus geschichtlichen Fakten konkret erlebte und erlebbare Geschichte.

Neben Umweltschutz und Atomenergie werden auch die Studentenunruhen, die RAF, das Bildungssystem, der Kalte Krieg, Missstände in der Kirche und vieles andere mehr bis in die heutige Zeit thematisiert.

Andreas Sperling-Pieler

Briefe

an die Enkel

Bibliografische Information der Deutschen Nationalbibliothek: Die Deutsche Nationalbibliothek verzeichnet diese Publikation in der Deutschen Nationalbibliografie; detaillierte bibliografische Daten sind im Internet über dnb.dnb.de abrufbar.

© 2020 Andreas Sperling-Pieler
Herstellung und Verlag: BoD – Book on Demand Norderstedt
ISBN: 978-3-7519-7231-4

Inhalt

Hallo meine Lieben,

im Augenblick lese ich ein Buch von Sten Nadolny. In dem fantastischen Roman „Das Glück des Zauberers" schreibt ein älterer Mann (er ist 106! und heißt Pahroc) Briefe an seine zweijährige Enkelin. Er schreibt sie quasi auf Vorrat, denn diese Briefe soll sie erst mit 18 Jahren erhalten.

In den Briefen schildert er sein Leben, von dem die kleine Mathilde (so heißt das Mädchen) naturgemäß wenig weiß.

Neben seinen besonderen magischen Fähigkeiten (die ich nicht habe), schildert er seine Erfahrung in der wirklichen Geschichte des vergangenen Jahrhunderts: wie er die Veränderungen - die kleinen und großen Krisen des Lebens und der Gesellschaft im Laufe seiner 106 Lebensjahre - wahrgenommen hat und wie er damit umging.

Die Geschichte ist zugegebenermaßen etwas abgedreht, aber es geht mir nicht so sehr darum, was er schreibt, sondern vielmehr darum, wie er es macht: Er schreibt Briefe an seine Enkelin und er schreibt von seiner eigenen Geschichte und der Zeit, die er erlebte und in der er lebte.

Das Buch hat mich sehr begeistert, vor allem, weil es ja auch ein Teil meiner Geschichte ist, wovon er berichtet. Und so fragte ich mich, warum mache ich das nicht auch – oder versuche es wenigstens.

Wenn ich an meine Enkel denke, habe ich im Augenblick vier im Kopf: die Mädchen - mit zehn und acht Jahren, dann kommen die Jungs, mit fünf und zwei Jahren.

So ist es heute; wie es in einigen Jahren sein wird, weiß ich nicht. Ihr seid dann älter geworden und vielleicht sind auch noch Enkel oder Enkelinnen dazugekommen.

Und vielleicht gibt es ja auch noch andere, die Lust haben, dies zu lesen. Das wird sich dann zeigen.

Der Zauberer Pahroc hatte viel zu erzählen; ihm ging es vor allem darum, seine Zauberkünste und Erfahrungen mit der Zauberei an seine Enkelin weiterzugeben. Da hatte er eine Menge Erzählstoff. Zaubern kann ich nun nicht, aber ich kann berichten, wie ich die Zeit, die Natur und die ganze Welt erlebt habe, seit 1957, als ich geboren wurde (oder vielleicht fang ich besser ein wenig später an …) bis heute, 2019, oder bis ich eben fertig bin.

Es ist eine lange Zeit, 37 Jahre sind Oma und ich jetzt verheiratet (das war 1982) und genauso lange unterrichte ich schon in der Schule; auch im täglichen Leben hat sich vieles verändert: Als ich geboren wurde, durften Frauen nur mit Erlaubnis des Ehemanns einen Führerschein machen, auch ein Bankkonto oder eine Arbeit ging nur mit der Zustimmung des Mannes, und Homosexualität wurde bestraft.

Aber ich befürchte ich greife vor. Ihr müsst ein wenig Nachsicht mit mir haben: Lehrer geraten gerne ins Erzählen, weil sie meinen, dass sie alles wissen – oder doch wenigstens vieles. Und bei älteren Leuten wird das eher noch schlimmer als besser.

Ich möchte also einfach berichten, wie ich die Welt erlebt habe, was sich verändert hat und wie ich das alles wahrgenommen habe. Natürlich wird es da auch um mich gehen, das lässt sich ja auch gar nicht vermeiden. Schließlich kann ich ja nur das erzählen, was meine Augen gesehen haben und kann nur darauf zurückgreifen, was ich damals dachte und mir durch den Kopf ging.
Aber es soll in erster Linie um das Leben gehen – um das, was uns umgibt, um den „Stoff", der letztlich unser Sein bestimmt, weil wir in ihm leben: die Natur, die Technik, die Gesellschaft.

Weil dieser „Stoff" sich beständig verändert, ist es gut einmal ein etwas größeres Stück zu betrachten, ein Stück eines Lebens oder, wie in meinem Falle, 62 Jahre; vielleicht bekommen wir dann eine Ahnung, wo das noch hinführen kann und Veränderungen im Leben, in der Technik und der Wissenschaft werden uns nicht mehr allzu sehr wundern und vor allem nicht das Tempo, mit dem uns Neues begegnet. Aber auch in der Politik und der Gesellschaft finden sich entsprechende Bezüge.

Beim nochmaligen Durchlesen stellte ich fest, dass ich genau bei diesen Bezügen zur Zeitgeschichte und zu heute immer wieder Wiederholungen drin habe (auch so eine

Lehrermarotte: wenn der Lehrer etwas wichtig findet, sagt er es nicht einmal, sondern immer wieder). Ich habe mich entschlossen, diese Wiederholungen drin zu lassen – nicht nur, weil ich zu faul bin, sondern weil die Parallelen und Bezüge zu verschiedenen Zeiten auftauchen und in unterschiedlichen Zusammenhängen eine Rolle spielen

Ja, ich merke, wie ich wieder ins Dozieren komme, als hätte ich eine Klasse vor mir und ich sei der Einzige, der die Welt retten kann. Glaubt mir, es gibt noch andere, die das können und die meisten wohl besser als ich. Aber ihr müsst verzeihen; so sind wir Lehrer eben. Und glaubt mir, es ist zwar manchmal lästig, aber wirklich schädlich ist es nicht. Macht's wie meine Schüler in solchen Fällen: die Ohren auf Durchzug oder Flucht in die Versenkung („ich übe Meditation"). Und in den ganzen Jahren ist mir deshalb noch kein Todesfall untergekommen (wobei manche behaupteten, nah dran zu sein: „das ist totlangweilig").

Aber ich verspreche, ich werde mir Mühe geben und versuche, mehr bei dem zu bleiben, was ich damals von der Wirklichkeit wahrgenommen und was ich von dem heute noch in Erinnerung habe, und weniger die Welt zu erklären.
Das mit dem Welt-erklären funktioniert sowieso nicht: Gerade in den letzten Tagen hatte ich verschiedene Gespräche darüber, was ich als Religionslehrer bewirken kann. Ich bin der Meinung, dass ich im besten Falle Fragen stellen kann und wenn meine Schüler (ich habe erwachsene Schüler) auch lernen, Fragen zu stellen und nach Antworten zu suchen, habe ich viel erreicht.

Und es ist schon wieder passiert: der Lehrer kam wieder zum Vorschein.

✪

Damit Ihr Euch besser orientieren könnt, werde ich hauptsächlich in Zehn-Jahres-Schritten erzählen. Dann findet Ihr Euch leichter zurecht, wenn Ihr etwas Konkretes wissen wollt, z.B. wie das für den Opa war, als Ihr damals geboren wurdet … dann braucht Ihr nicht alles zu lesen, weil das Euch ja in dem Augenblick nicht so interessiert, sondern eben nur eine bestimmte Zeit.

Zum Schluss ist mir noch eines wichtig. Selbstverständlich weiß ich nicht mehr alles (und manches will ich auch gar nicht mehr wissen und manches will ich auch für mich behalten und dann gibt es auch Dinge, die erzählt man nicht einmal sich selbst – aber bestimmt wisst Ihr das auch schon!). Erwartet also nicht zu viel und gesteht mir auch zu, zu entscheiden, was ich erzähle (und was nicht).
Ich werde Sprünge in der Geschichte und in meinem Leben machen, das eine auslassen und anderes ausführlicher berichten, so wie es eben in meiner Erinnerung ist und wie es jetzt für mich stimmt. Und das werde ich selbst entscheiden, denn eines ist sicher: wie Ihr in zehn oder zwanzig Jahren denkt, kann ich heute unmöglich wissen. Wie ich heute darüber denke, das weiß ich – oder kann es zumindest durch Überlegen herausfinden – also bleibt mir nichts anderes übrig, als darauf zurückzugreifen.

März / April 2019

Die Kindheit 57-67

Hallo Ihr Vier,

wenn ich jetzt zurückdenke – an meine frühesten Erinnerungen – komme ich unweigerlich zu der Zeit, als ich in Eurem Alter war (also jetzt – beziehungsweise die letzten zehn Jahre – denn die beiden Mädchen sind jetzt acht und neuneinhalb Jahre alt).

Bei den beiden Großen habe ich die erste Zeit sehr intensiv erlebt; es sind Erfahrungen, die mir immer bleiben werden. Bei den Jungs … naja … ich wurde krank (und noch meine schlimmen Kopfschmerzen dazu) und Eure Zahl hatte sich verdoppelt. Auch das machte es nicht leichter.

Tatsächlich sind mir alle Enkel gleich wichtig – und es war bei jedem etwas ganz Besonderes.

Aber das alles ist eigentlich erst später dran.

Meine ersten Erinnerungen sind die Wohnungen, in denen wir lebten. Die allererste war in M. Ich erinnere mich an den Garten (ich glaube, es gab nur Beeren und Blumen. Sicher gab es noch mehr, aber Blumen und Beeren blieben mir eben am meisten im Gedächtnis).

Und eine Zinkbadewanne, in der wir (mein drei Jahre älterer Bruder und ich) baden durften.

Ich ging damals eine kurze Zeit in den Kindergarten. Ich glaube, ich ging nicht so gerne hin, aber ich weiß es nicht mehr ganz genau.

An eine Situation erinnere ich mich aber deutlich.
Ich wurde meist (oder immer?) von meinem Bruder abgeholt. Die Schule, in die er in die erste Klasse ging war direkt gegenüber. Auf dem Heimweg regnete es ziemlich heftig und wir wurden pitschnass.
Als wir schon ein Stück hinter uns hatten, hielt ein Auto. Es war unser Nachbar, den wir vom Sehen kannten (der aber eindeutig nicht zur Familie gehörte!!). Er wollte uns mitnehmen, so nass wie wir waren. Natürlich haben wir Nein gesagt, denn unsere Mutter bläute uns ein, zu keinem Fremden ins Auto zu steigen – und da er ja nicht zur Familie gehörte, musste er wohl notgedrungen fremd sein.
Auf jeden Fall gab's Ärger! Weniger für uns (unsere Erklärung muss wohl auch für meine Mutter überzeugend gewesen sein), sondern vielmehr Ärger zwischen den Familien.
Wie es sich geklärt hat, weiß ich nicht mehr, ist wohl auch nicht so interessant.

Was sonst noch von M bleibt, ist ein Gefühl des Behütetseins: ein Garten, ein Zaun und Häuser als Schutz nach außen. Ich finde, es fühlt sich gut an, wenn auch etwas fremd.

Wir zogen in eine größere Stadt, nach L. Ich war wohl so zwischen vier und sechs Jahre alt.

In Erinnerung habe ich ein Haus (drei Familien?) und den Parkplatz davor, auf dem wir aber nicht spielen durften.

An Spielen kann ich mich gar nicht mehr erinnern. Mein großer Bruder nahm mich manchmal mit (das weiß ich noch), aber eigene Freunde sind mir nicht bewusst.

In lebhafter Erinnerung ist mir noch eine Situation: Ich bin mit meiner Mutter im Wohnzimmer und das Telefon klingelt (da setzt meine Erinnerung ein). Meine Mutter geht ans Telefon, mein Vater liegt auf der Couch – offenbar krank.

„Nein, mein Mann ist nicht zu Hause", sagt sie. Ein Satz, der für mich völlig unverständlich war, lag er doch offensichtlich hier auf dem Sofa.

„Nein Mutti, da liegt er doch", so höre ich mich noch heute rufen. Sicher wollte ich ihr zu Hilfe kommen, um sie vor dem drohenden Missgeschick zu bewahren.

Umso erstaunter war ich hinterher, dass ich nicht – wie erwartet – für meine Aufmerksamkeit gelobt, sondern stattdessen zurecht gewiesen wurde: „Wenn Erwachsene telefonieren, haben Kinder still zu sein …"

Ab diesem Moment war mir klar, dass man nicht immer die Wahrheit sagen muss; man kann sich auch mit einer geschickten Lüge aus der Affäre ziehen.

Ich weiß noch ziemlich genau, dass wir Kinder hochdeutsch sprechen mussten. Es war um 1960 und die Nachkriegsordnung war wohl noch nicht ganz klar, wenigstens nicht in den Köpfen der Menschen. Erst, als in Berlin die Mauer gebaut wurde (eine Mauer mitten durch die Stadt und eine riesige Grenzanlage, die Ost, das heißt die DDR, und West, die BRD, trennte). DDR durfte man übrigens nicht sagen; meist hieß es Ostdeutschland, als sei das Ganze ein Staat und nicht zwei, wie es in der Realität war und manchmal hieß es auch „Mitteldeutschland" (!!! - als gäbe es weiter im Osten auch noch deutsche Ansprüche). BRD durften wir übrigens auch nicht sagen; entweder Bundesrepublik Deutschland oder nur Deutschland. Aber all das wurde erst später in der Schule wichtig.

Wir Kinder haben das nicht begriffen und wahrscheinlich hat es uns auch nicht interessiert. Im Nachhinein fällt mir nur auf, dass kurz darauf das Haus in O. gebaut wurde. Offensichtlich entschlossen sich meine Eltern hier eine neue Heimat zu suchen. Und vielleicht wurde aus demselben Grund das Schwäbisch-Verbot etwas gelockert.

Für meine Eltern, wie für viele Menschen in Deutschland, muss diese Krise – das heißt der Bau der Mauer und die Kubakrise, mitsamt der erbitterten Feindschaft zwischen den zwei deutschen Staaten – ein großer Schock gewesen sein. Sie hatten den Zweiten Weltkrieg erlebt, mit Flucht und Vertreibung, Tod und Zerstörung, und nun drohte ein neuer Krieg. Er drohte tatsächlich, stand unmittelbar bevor und wurde nur um Haaresbreite verhindert. Ausgelöst wurde das Ganze durch die Kubakrise und war letztlich ein Kräftemessen zwischen den beiden Megastaaten USA und Sowjetunion. Und die beiden deutschen Staaten standen ja stellvertretend für diese beiden Mächte. All das war mir damals nicht bewusst, ich habe es erst viel später begriffen und auch den möglichen Zusammenhang mit unserem Umzug.

Ich werde nochmal darauf zurückkommen, denn das Kräftemessen der Weltmächte (die furchtbarsten Waffen, die die Welt je gesehen hatte, waren zum Einsatz bereit – und zwar ständig und immer) läutete noch ein grandioseres Wettrüsten ein, an deren Ende die Erde zigmal hätte zerstört werden können und bestenfalls für Jahrzehntausende unbewohnbar geworden wäre.

Einen winzigen Vorgeschmack hatten wir bei den (nicht militärischen) Katastrophen in Fukushima und Tschernobyl. Das war im Vergleich zu dem, was uns drohte und noch immer bedroht, nur ein kleiner, unbedeutender Zwischenfall.

Aber ich greife schon wieder vor, denn das ist alles erst viel später dran.

Damals waren mir die Zusammenhänge natürlich nicht klar und das ist wahrscheinlich auch gut so. Denn ich war ein Kind von vielleicht sechs Jahren. Vielleicht liegt hier aber der Grund, warum sich unsere Familie hier im süddeutschen Raum niederließ, umschlossen von dem neuen Freund Frankreich, der neutralen Schweiz und dem blockfreien und befreundeten Österreich. Meine Eltern stammten aus Ostpreußen. Das liegt heute in Polen, nahe

der russischen Grenze. Bis zum Ende des Zweiten Weltkriegs gehörte es zu Deutschland und war die Heimat meiner Eltern. Allerdings waren sie bei Kriegsende beinahe
noch Kinder, gerade 12 und 13 Jahre alt. Ich glaube,
meine Eltern hofften, wieder zurück in die alte Heimat zu
können, aber dieser Weg war jetzt offensichtlich endgültig verschlossen.

Jahrzehnte später hat mein Vater einmal sowas angedeutet.

✪

Wir zogen also nach O, heraus aus der Stadt, mit den großen Straßen und den vielen Autos, wo ich mich an Spielen
eigentlich nicht erinnern kann.

Dort, wurde dann alles anders! Das Dorf hatte viele kleine
Läden, eine Schule, Ärzte, eine Apotheke und auch Industrie, also alles, was man so zum Leben brauchte, aber
es war trotz allem ein Dorf, ziemlich genau zwischen zwei
Kreisstädten. Man kann sagen, es war damals eine ausgesprochen ländliche Gegend, auch wenn man davon heute
nicht mehr viel spürt.

Aber zuerst möchte ich Euch von unserem Haus (da gibt's
aber nicht so viel zu erzählen) und unserer Straße berichten.

Unser Haus war eine Doppelhaushälfte mit einem Garten,
der mir riesig vorkam. Mein Bruder und ich hatten noch
immer ein gemeinsames Zimmer, denn inzwischen war

Zuwachs gekommen und bald darauf nochmals: Unsere Familie bestand nun aus sechs Personen.
Die frühen Erinnerungen an unser Haus sind ziemlich verschwommen und dunkel. Ich kann eigentlich auch nicht sagen, dass es schöne Erinnerungen sind. Es gab glückliche Momente in dieser Zeit, aber die finde ich eher außerhalb.

Damals, Mitte der 1960er-Jahre, war die Nachkriegszeit deutlich vorbei und es ging wieder bergauf mit der Wirtschaft. Die Menschen hatten Arbeit und sahen eine Zukunft vor sich, die so sicher war, wie seit 30 Jahren nicht. Sie wollten sich nach langen Jahren der Entbehrung und bitterer Not wieder etwas gönnen, ein klein wenig Bequemlichkeit – oder doch wenigstens etwas Sicherheit. Das konnten die Menschen auch, denn es gab genug Arbeit und sie verdienten sicheres Geld. Und je mehr sie verdienten, desto mehr konnten sie zuerst die fehlenden Alltagsgegenstände ersetzen, dann ihre Bequemlichkeit befriedigen, um sich schließlich auch etwas Luxus zu gönnen.
All diese Waren mussten hergestellt werden – und sie wurden in hervorragender Qualität hergestellt, denn in Deutschland gab es fast nur neue Maschinen. Die alten waren im Krieg zerstört oder von den Siegermächten mitgenommen worden.
Die Wirtschaft florierte und deutsche Produkte waren nicht nur in Deutschland beliebt (damals wurde die Kennzeichnung „Made in Germany" zum Qualitätsmerkmal).
Aber ganz so schnell ging's dann doch nicht: Zuerst einmal war da Hoffnung und Gewissheit, dass es abends etwas

zum Essen geben wird (die Zeit des Hungerns war noch nicht so lange vorbei – allerdings hatte ich diese Zeit nicht mehr erlebt; was ich noch weiß, ist, dass am Essen durchaus gespart wurde).

Unser Leben war also von zwei Grundsätzen geprägt: Sparsamkeit und Hoffnung auf eine bessere Zukunft.

Vorläufig waren wir noch in der Gegenwart und das hieß, dass z.B. Frauen in der Regel keinen Führerschein hatten (und längst nicht jeder Mann); wollten sie in die Fahrschule, musste der Ehemann seine Zustimmung geben. Verweigerte dieser die Erlaubnis, war's vorbei mit dem Traum vom Autofahren.

Dasselbe galt auch für die Erwerbstätigkeit (ja, genauso war es: die Frau durfte nur arbeiten gehen, wenn der Ehemann es erlaubte). Und von eigenem Geld oder gar einem eigenem Konto sind wir noch weiter entfernt: denn auch dafür brauchte die Frau die Erlaubnis.

Einige Jahre vorher war es noch schlimmer: Der Ehemann konnte bis 1958 das Dienstverhältnis der Ehefrau (auch ohne deren Wissen oder deren Zustimmung) kündigen; Lehrerinnen mussten bis 1956 aus dem Staatsdienst ausscheiden, wenn sie heirateten (oder schwanger wurden); bis 1958 lag das „Letztentscheidungsrecht in allen Eheangelegenheiten" beim Ehemann; das gesamte Vermögen der Frau (auch Privatvermögen, zum Beispiel Schenkungen oder Erbschaften) wurde vom Ehemann verwaltet; das väterliche Vorrecht in der Kindererziehung wurde erst 1978 völlig aufgehoben.

Die Gesellschaft war damals eine reine Männergesellschaft. Zwar war manches in den 60ern bereits im Umbruch, aber es ging nur sehr langsam voran und Gleichberechtigung war bei den Menschen noch nicht angekommen.

In dieser Hinsicht waren meine Eltern tatsächlich sehr fortschrittlich: Meine Mutter durfte nicht nur den Führerschein machen, wir hatten sogar - neben dem Geschäftswagen meines Vaters - ein eigenes Auto für meine Mutter; das war in einer Zeit, in der viele gar kein Auto hatten, wirklich sehr ungewöhnlich.

Das mit dem Arbeiten hat aber noch einige Jahre gedauert – und ein eigenes Konto hatte sie wohl auch erst später.

Zu unserer Straße und der Umgebung habe ich ganz klare Erinnerungen (oder wenigstens kommt es mir heute so vor).

Zu Anfang gab es in unserer Straße fünf Gebäude und gegenüber eine Kirche. In meiner Erinnerung ist die Straße nicht asphaltiert, aber da ja gegenüber die Kirche stand, komme ich ins Zweifeln. Aber auf Bildern sieht man es tatsächlich: ein Feldweg mit einem Gehweg zur Kirche. Es wurde ja damals noch nicht so viel Auto gefahren. Allerdings kam die Straße dann wohl ziemlich schnell.

Ich kann mich erinnern, dass wir damals viel auf der „Wendeplatte" spielten. Die Wendeplatte ist da, wo heute vier Straßen in verschiedene Wohngebiete abgehen. Damals waren da nur Felder.

Manchmal (ich glaube, es war nicht sehr oft – aber meine Erinnerung kann mich täuschen) spielten wir da Ballspiele mit unserer Mutter. Meine Mutter war damals noch eine junge Frau von vielleicht 30 Jahren.

Das war ein besonderes Erlebnis: Es kamen dann alle Kinder der Straße zusammen (oder beinahe alle) um mitzuspielen. In den fünf Häusern (vier Doppelhäuser und ein Einzelhaus) gab es eine Menge Kinder in ziemlich ähnlichem Alter – ich glaube, es müssen teilweise über zehn gewesen sein – und gemeinsam spielten wir Völkerball oder anderes. Diese Stunden zählen wohl zu den glücklichsten meines Lebens. Ich habe bis heute ein inniges Gefühl an Sicherheit, Schutz und an Gemeinschaft, wenn ich daran zurückdenke. Es kommt mir vor wie ein verloren gegangenes Stück unbeschwerter Kindheit.

Hinter unseren Häusern kamen nur noch Felder – Äcker, wie wir sagten. Das war deshalb wichtig, weil ich so meinen Aktionsradius erheblich ausweiten konnte. Neben der Fortführung unserer Straße als Feldweg zu den Weinbergen (Wengert) hinauf gab es noch einen flacheren, der davon „schief" abzweigte, das „schiefe Wegle" (es ist heute – nach über 50 Jahren – noch vielen klar, was mit diesem Begriff gemeint ist).

Dieses „schiefe Wegle" wurde unser bevorzugtes Terrain und der Ausgangspunkt für Abenteuer und Beutezüge. Hier konnten wir Fahrrad fahren, es gab einen Bach, Weiden und vor allem eine Wiese mit Apfelbäumen.

Die Äpfel mochten wir, den Bauer weniger. Sicher ging's ihm genauso.

Es war ein sanft ansteigender Feldweg, rechts mit einem Bach und etwas entfernt gab es „Stückle" d.h. eine Art Schrebergarten mit (meist illegaler) Hütte; auf beiden Seiten lagen Felder, bevor der Weg den Forstkopf (den „Hausberg" von O) hinaufging.

Wir gingen beide zur Schule: mein Bruder in die vierte Klasse, ich in die erste, so dass wir von Klassenkameraden nach und nach in die Geheimnisse des Ortes eingeführt wurden: das Peterskirchle, der alte Friedhof (mitsamt seiner Mauer – die besonders spannend war), die Eisenbahnbrücke, der Steinbruch mit alten Gerätschaften und natürlich die Obstgärten der Umgebung. Wir hatten „unseren" Pflaumenbaum, Kirschbäume (natürlich mit verschiedenen Sorten), Johannisbeeren, Himbeeren, Erdbeeren und natürlich Äpfel. Etwas seltsam ist, dass Trauben nicht zur bevorzugten Beute gehörten. Vielleicht lag es am „Feldschütz", der zur Erntezeit im Wengert patrouillierte oder weil beinahe jede Familie irgendetwas mit Wein zu tun hatte, sei es, dass es Wengert in der Familie gab oder zur Zeit der Lese bei Bauern mitgeholfen wurde; das galt auch für uns Kinder (denn wir hatten damals genau zu diesem Zweck extra „Wengertferien"), aber davon erzähl ich später, wenn ich's nicht vergesse.

Wir in unserer Straße waren alle in ähnlichem Alter, aber eben auch alle zugezogen, d.h. nicht aus dem Dorf und nicht der Sprache mächtig. Denn es wurde im Dorf natürlich breitestes Schwäbisch gesprochen. Und so hatten wir nur über die Schule Möglichkeiten, andere Menschen kennenzulernen.

Hier war mein (oder unser) Hochdeutsch natürlich wenig hilfreich, erkannte man uns doch so sofort als das, was wir waren („net vo do"), und dieses Problem sollte auch noch ziemlich lange so bleiben.

Besonders augenfällig wird es, wenn man unseren Religionsunterricht betrachtet: mein Nachbar, der mit mir in die selbe Klasse ging, und ich waren zu Beginn die einzigen Kinder der Jahrgangsstufe, die katholisch waren. Wenn die anderen Religion hatten, durften wir heim. Erst später wurden dann die Katholiken der ersten bis vierten Klasse zu einer Religionsklasse zusammengefasst.

Ein ganz besonderes Kapitel ist der Lehrer G. Er war mein Lehrer in der dritten oder vierten Klasse.

Herr G war der frühere Schulleiter der Volksschule und inzwischen pensioniert. Wegen des akuten Lehrermangels (das kennen wir auch aus späteren Zeiten) hat er noch etwas länger unterrichtet, allerdings war er zu dieser Zeit nicht mehr Schulleiter.

Geboren wurde er meines Wissens im Jahr 1900, also genau zur Jahrhundertwende. Er erlebte zwei furchtbare Weltkriege, das Kaiserreich und seinen Zusammenbruch, die Weimarer Republik (und ihren Zusammenbruch), das Dritte Reich (und seinen Zusammenbruch) und den Beginn der Bundesrepublik Deutschland. Seine erste Stelle (als Volksschullehrer) hatte er noch im Kaiserreich – 1918. Damals war die Lehrerausbildung anders als heute: Nach der Realschule besuchten angehende Lehrer und Lehrerinnen das Seminar und konnten dann mit 18 Jahren bereits unterrichten (so habe ich es wenigstens im Kopf).

In vielerlei Hinsicht war er ein Mensch aus einer anderen Zeit, z.B. hatte er keinen Autoführerschein und nie ein Auto besessen. Er hatte ein Moped (Höchstgeschwindigkeit 40 km/h) und damit war er voll zufrieden.

Wir können uns das gar nicht vorstellen, dass es heute Erwachsene ohne Auto gibt – und sogar ohne Führerschein. Damals war das nicht so ungewöhnlich; ich kann mich an einige Erwachsene erinnern, die weder das eine noch das andere besaßen, manche hatten zwar den Führerschein, aber kein Auto – ja, es war wirklich eine andere Zeit. Denn man konnte ohne Auto tatsächlich überleben: einkaufen konnte man im Ort, in die Stadt fuhr regelmäßig der Bus (oder früher noch das Bähnle), der Arzt war am Ort – es ging tatsächlich auch ohne Auto.

G wohnte direkt gegenüber der Schule, gleich neben dem Lehrerhaus. Das war damals anders als heute: Heute kommen die meisten Lehrer aus anderen Städten und haben einen größeren oder kleineren Anfahrtsweg. Damals gab es die sogenannte Residenzpflicht, das heißt, dass die Lehrer in der Regel in besonderen Lehrerhäusern, aber auf jeden Fall im Ort, wohnen mussten.

Die Prügelstrafe wurde erst 1973 in Deutschland abgeschafft und die Klassen waren zum Teil sehr groß. Da könnt Ihr Euch vorstellen, dass es manchmal laut zuging und der Lehrer zum Stock griff, um die schlimmsten Übeltäter zu maßregeln. Ja, das gab es damals noch, ich hab es erlebt – am eigenen Leib und bei anderen. Ich kann mich aber nicht erinnern, dass Herr G zu diesem Mittel griff, obwohl er in einer Zeit seinen Beruf erlernte und ausübte, in der es zum guten Ton gehörte, seine Kinder, die Schüler und die Lehrlinge zu züchtigen.

Allerdings hatte auch er seine Angewohnheiten, an denen man spürte, dass er einer anderen Generation angehörte: wir mussten aufrecht auf dem Stuhl sitzen, die Beine parallel nebeneinander, die Hände auf dem Tisch (natürlich ruhig) oder hinter dem Rücken verschränkt.

Eine andere Erinnerung ist das Schulhaus und zwar das alte Schulhaus. Unsere Schule bestand aus einem Alt- und einem Neubau, der in den Jahrzehnten danach immer wieder erweitert wurde. Daneben gab es aber auch das alte Schulhaus – und damit war nicht der Altbau gemeint. Es stand mitten im Dorf und eine gewisse Zeit wurden wir dort unterrichtet. Es war ein altes Gebäude, neben dem Rathaus und beherbergte früher die Schule (ich kann mich tatsächlich nur an ein Zimmer erinnern, aber eventuell gab es noch weitere Räume). Es gab im Klassenzimmer einen Holz- oder Kohleofen – damit wurde wohl geheizt. Aber auch daran kann ich mich nicht mehr erinnern – nur noch an den Ofen. Vielleicht waren wir nur vorübergehend dort untergebracht und es war nur ein Ausweichzimmer, das nicht ständig genutzt wurde.

Jetzt ärgere ich mich ein wenig, dass ich nicht mehr darüber weiß, ist es doch ein Fenster, durch das wir in eine frühere Zeit blicken könnten (wenn es nicht verschlossen wäre …). Dies gilt für das alte Schulhaus und den Lehrer G gleichermaßen.

Zwar verbrachte ich täglich eine geraume Zeit in der Schule, aber das, was danach kam („ufd' Gass"), war wesentlich interessanter.

Direkt auf dem Heimweg, fünf Minuten von unserem Haus, lag der „Eiskeller". Es war damals tatsächlich ein Eiskeller: Mitten in einem Erdhügel waren gemauerte Kellerräume untergebracht. Man kam durch einen etwa zehn Meter (?) langen engen Gang hinein und natürlich war der Keller meist verschlossen. Umso interessanter war es, wenn wir einmal die Tür offen fanden.
Die Kellerräume waren durch ihre Lage im Erdreich gut isoliert und drinnen herrschte eine gleichmäßige Kühle. Dort wurde dann im Winter Eis gelagert, richtiges Wassereis, vermutlich extra für diesen Zweck hergestellt. Durch die gleichbleibend-niedrige Temperatur hielt das Eis dann bis in den Sommer hinein.
Damals hatte noch nicht jeder einen Kühlschrank und ich kann mir vorstellen, dass so mancher Bauer seine Lebensmittel noch mit „Stangeneis" gekühlt hat (daher kommt auch das Wort „Eisschrank", das Oma häufig verwendet). Aber genau weiß ich es nicht.
Der Eiskeller wurde dann auch bald aufgegeben und in einen Pilzkeller (zur Züchtung von Pilzen) umgewandelt.

Was heute darin gemacht wird, weiß ich nicht. Aber es gibt ihn wohl noch.

Ein anderer bevorzugter Ort war der Steinbruch. Wir verbrachten dort viel Stunden, kletterten um die Wette und suchten Dinoknochen (die wir natürlich nicht fanden).
Gerade im Sommer, wenn es heiß war (vor allem auf dem ungeschützten Gebiet im schiefen Wegle), fanden wir dort angenehme Kühle. Später (vielleicht zehn Jahre) wurde hier ein Platz, wo wir Jugendliche uns zum Zelten, Trinken und allem Möglichen trafen.

Auf der östlichen Seite des Dorfes gingen die Gleise vom „Bähnle" – einer Schmalspurbahn, die in M. endete (wo sie startete, weiß ich nicht mehr). Aber leider war ihm dasselbe Schicksal beschieden, wie vielen kleinen Bahnstrecken: erst Einschränkung des Fahrplans, dann wurde der Personenverkehr und bald der komplette Betrieb eingestellt.
Heute werden manche dieser Strecken wieder in Betrieb genommen und wir kennen den Wert einer vernünftigen Zugverbindung. Damals war das anders: Alles setzte aufs Auto und war der Meinung, unsere Erde steckt diese Belastungen locker weg; die Meere und die Atmosphäre würden jegliche Verschmutzung bis unter die Nachweisgrenze verdünnen. Aber leider dachten alle so und dann funktioniert es nicht mehr.

Ein weiteres Beispiel, das in dieselbe Richtung geht, ist ein Betrieb aus unserem Ort: Natürlich wussten (oder ahnten) alle, dass da nachts Produktionsrückstände verbrannt und anschließend aus dem Schornstein geblasen wurde, wir wussten es – oder zumindest rochen wir es – aber man machte sich keine Gedanken. Auch die zentimeterdicke (!!!) Schmutzschicht auf dem Bach aus Staub, Asche, Ruß und Materialien (deren Herkunft wir sehr wohl kannten) hätte uns beunruhigen müssen. Aber damals hieß die Devise an vielen Orten und in ganzen Regionen: Kanalisieren und unterirdisch weiter – dann stinkt's nicht mehr und die Meere sind so unermesslich groß, die Lufthülle noch größer, das wird alles verdünnt, verschwindet in der Unendlichkeit (man nannte das die Politik der hohen Schornsteine) und tatsächlich hielt man damals alles (oder doch zumindest sehr vieles) für machbar und außerdem gab der Betrieb dem halben Ort Arbeit und den Bauern, denen es damals schon nicht sehr gut ging, eine gute Nebenerwerbsquelle mit günstigen Arbeitszeiten.

Ihr dürft mich nicht falsch verstehen: ich will nicht über den Betrieb und all das schimpfen. Die Zeit war damals so.

Unsere Mülldeponie ist da ein weiteres Beispiel.
Oben am Berg lag die Mülldeponie. Nein, es sah etwas anders aus als eine Mülldeponie von heute – ziemlich anders:
Sie war weder eingezäunt noch bewacht; es kostete auch nichts etwas anzuliefern und kontrolliert wurde auch nichts; es gab auch nichts zu kontrollieren, denn es wurde, ohne mit der Wimper zu zucken, alles abgeladen:

Batterien, Altreifen, Farben, Chemikalien, Holz, alte Fahr-räder, Mopeds, Möbel, einfach alles. Hin und wieder kam ein Gemeindearbeiter und warf einen brennenden Auto-reifen in den Müll, um die Menge zu reduzieren.

Für uns Kinder war das ein beliebter Spielplatz, gab es doch da immer wieder interessante Dinge zu entdecken. Unsere Eltern hatten da nicht groß etwas dagegen; ich vermute, sie dachten (wahrscheinlich dachten die meis-ten so), dass es da auch nicht gefährlicher ist als anderswo – und die Kinder sind von der Straße und machen keinen Blödsinn.

Nur schade, dass wir nicht hin durften, wenn sie wieder mal abgefackelt wurde.

Je länger ich aber an die alte Zeit zurückdenke, desto mehr Geschichten fallen mir ein.

Eine will ich noch erzählen, dann muss gut sein.

Es war in den ersten Jahren in unserem Haus und natür-lich hatten wir damals auch eine Garage. Die war (wie die meisten damals) mit Eternit gedeckt.

Die Reste der Eternitplatten waren für uns ein herrliches Spielzeug: wir konnten damit bauen, Kugelbahnen kon-struieren oder – was am interessantesten war – das sehr poröse Material mit Steinen zu feinem Mehl vermahlen. Das waren in vielerlei Hinsicht hervorragende Spiele: zer-brechen, zerkleinern, mahlen, mit Wasser vermischen, Muster mit Mehl (oder Mehlpampe) gestalten, hineinbla-sen und vieles mehr.

Nun – Ihr fragt, was daran so besonders ist? Ich will es Euch sagen: Eternit ist asbesthaltig und krebserregend; es wird heute nur noch von Spezialfirmen in kompletten Schutzanzügen (einschließlich Stiefel, Kopf, Hals und Gesicht) verarbeitet, d.h. in der Regel abgebaut um es anschließend auf Giftmülldeponien zu entsorgen.

An dieser Geschichte seht Ihr, wie leichtfertig und unwissend die Menschen mit Umweltgiften und Gesundheit umgingen. Es war kein Thema, es war einfach nur praktisch.
Ihr müsst auch sehen, dass die damals Erwachsenen, auf deren Konto das alles ging, zwei Weltkriege erlebt hatten und als Kinder, als Jugendliche (auch kämpfende) oder als Erwachsene vielfach größere Gefahren erlebt hatten.

Insofern war es wirklich kein Thema und nicht einmal einen Gedanken wert.

Eine Besonderheit waren die „Wengertferien"!
Da beinahe alle Bauern auch Weinberge hatten, war die Zeit der Weinlese durch sehr viel Arbeit geprägt. Es wurde damals noch **alles** mit der Hand gemacht. So war es üblich, dass jeder Bauer „seine Leute" hatte, die ihn bei der Arbeit unterstützten. Diese Helfer waren meist Kinder und Jugendliche, aber auch Verwandte, Freunde oder Leute aus dem Dorf. Von Kinderarbeit sprach damals noch keiner und als Lohn gab's für die älteren ein paar Mark, für uns jüngere freies Vesper.
Aus diesem Grunde wurde dann einfach die Schule geschlossen („Wengertferien") und die Kinder vom Bauern

mit Eimer und Rebschere ausgestattet. Die Trauben wurden dann in der Kelter bis spät in der Nacht abgeliefert, und die Traktoren stauten sich durch das halbe Dorf (übrigens eine Bundesstraße).

An dieser Stelle will ich noch etwas über die Traktoren („Schlepper") berichten. Zuerst einmal hatte durchaus nicht jeder Bauer einen Traktor. Manche waren noch mit Pferdegespann unterwegs und an einen kann ich mich erinnern, der Ochsen vor seinen Wagen gespannt hatte. Ein Traktor lief in der Regel maximal 25 km/h und konnte von einem geübten Fahrradfahrer problemlos überholt werden (oder man machte es sich gemütlich und hängte sich hinten dran). Es gab aber auch Traktoren, die nur 6 km/h liefen; das waren dann gedrosselte Fahrzeuge für Bauern ohne Führerschein. Dies ist aus heutiger Sicht, wo alles schnell und rationell gehen muss, sehr schwer vorstellbar.

O war damals für mich ein eigenes kleines Universum. Ich könnte noch viel erzählen, von Abenteuern am Bach (der Bach: die B war ein kleines Flüsschen, das durch den Ort ging), von Hüttle bauen, von „Lägerle" und Banden, von Erkundungstouren in Neubauten, ich könnte von einem Ort erzählen, den wir Steinzeit nannten (sicher könnt Ihr Euch da ungefähr etwas vorstellen) und vielem mehr.

Das Einzige, was gar nicht vorkommt, sind Spielplätze oder anders gesagt: Alles (oder doch wenigstens beinahe alles) wurde für uns zum Spielplatz und zwar zu einem tollen Abenteuerspielplatz.

Wenn ich jetzt – heute – zurückblicke, habe ich sehr schöne Erinnerungen an diese Zeit. Es schmeckt regelrecht nach Heimat, auf jeden Fall mehr als die kurze Zeit in L. Trotzdem war es nicht „Friede, Freude, Eierkuchen". In meinem Kopf melden sich schon auch andere Gedanken: So habe ich mich zeitlebens nicht voll anerkannt gefühlt. Das erzwungene Hochdeutsch meiner frühen Kindheit machte mich gerade auf dem Land zum Außenseiter. Auch in der Familie lief vieles nicht glatt; aber das will ich jetzt einfach so stehen lassen und nicht daran rühren.

Ich war öfters bei meiner Oma im Urlaub (Eurer Ururgroßmutter), etwa 100 Km entfernt.
Sie wohnte meist in älteren, baufälligen Häusern und war in meinen Augen steinalt. Dabei war sie damals vielleicht in dem Alter, in dem ich heute bin. Sie trug in der Regel schwarze Kleidung oder doch wenigstens sehr gedeckte Farbtöne.
Wenn ich abends ins Bett ging, erklärte sie mir immer wieder, wie wichtig es sei, dass ich die Kleider so hinlegte, dass ich sie im Dunkeln problemlos finden und anziehen könnte. Natürlich interessierte mich das nicht und ich konnte mir auch keinen Reim auf diese rätselhafte Anweisung machen. Heute weiß ich, dass hier die Angst vor

nächtlichen Bombenalarmen dahinter steckte und vielleicht auch die Verantwortung, die auf ihr im Krieg und auf der Flucht gedrückt hatte. Immerhin war sie Mutter von drei Kindern, als sie von Ostpreußen über's zugefrorene Haff musste. Aber davon wusste ich damals noch nichts.

Es gibt noch ein paar lustige Geschichten von meiner Oma: So sprach Sie zum Beispiel nicht von Unterhosen; das waren „Unaussprechliche" - vermutlich aus Schamhaftigkeit.

Einmal brannte das Haus meiner Oma ab. Die näheren Umstände kenne ich nicht und tun hier auch nichts zur Sache. Aber hier kommt die Baracke ins Spiel!
Die Schwestern meiner Oma lebten auch im Dorf; sie wohnten damals in derselben Baracke, in der sie Ende der 40er-Jahre einquartiert worden waren. Also zog meine Oma – wohl oder übel – zu ihren Schwestern. Jetzt ist es so (wie auch heute manchmal), dass die Schwestern sich nicht verstanden. Es war also ein unfreiwilliges Zusammenwohnen auf engstem Raum in einer baufälligen Baracke, die längst hätte abgerissen werden müssen. Aber offensichtlich waren die drei Schwestern (mit ihrer Mutter – Eurer Ururgroßmutter) noch deutlich im Nachkriegsmodus, in dem das irgendwie normal war.

April / Mai 2019

Die Jugend 67-78

Hallo, ich hoffe Ihr seid bereit für ein neues Kapitel!

Mit zehn Jahren (oder wenigstens so ungefähr) begann für mich eine neue Ära.
Es stand ein Schulwechsel an. Ich sollte in die Realschule, um die Mittlere Reife zu machen.
Die nächste Realschule lag in G, etwa vier Kilometer entfernt. Für mich hieß das täglich morgens pünktlich aufstehen, zur Haltestelle laufen und mit dem Bus in die nächste Stadt fahren (eigentlich beinahe das gleiche verschlafene Nest wie O – aber für mich war's aufregend).
Plötzlich vergrößerte sich mein Horizont, und das war erst der Anfang einer neuen Zeit.

Zu Beginn bekam ich vom Ort nicht viel mit, aber nach einer gewissen Zeit, hatten wir Nachmittagsunterricht. Für mich bedeutete das ein oder zwei Stunden Zeit, um die Läden und die „City" unsicher zu machen.

Das Lernen fiel mir leicht. Ich wechselte damals nach der fünften Klasse Volksschule (so hieß die Grund- und Hauptschule damals noch) in die fünfte Klasse Realschule. Das heißt, es war viel Bekanntes beim Unterrichtsstoff. Einzig die neuen Fächer und die anderen Lehrer brachten etwas Abwechslung in meinen Schulalltag. Was das für mein Engagement und das Lernen bedeutete, könnt ihr euch denken. Es dümpelte weiter vor sich hin, mit mittelmäßigem

Erfolg; auf jeden Fall waren die Leistungen (zu diesem Zeitpunkt!) noch so, dass von Seiten meiner Eltern kein Grund zum Eingreifen gesehen wurde - wobei es immer jemanden gab, der besser war, und das hielt mir meine Mutter schon immer vor. Das war ich also schon gewöhnt.

Aufregender waren die Tage mit Nachmittagsunterricht, denn das bedeutete eine Mittagspause, in der ich der Kontrolle meiner Mutter und des Dorfes entkommen konnte (in O musste ich immer damit rechnen, dass jemand meine Eltern kannte).
Die Läden interessierten mich weniger, denn mit Taschengeld wurden wir Kinder sehr knapp gehalten. Aber es gab eine Stadtmauer, kleine Gässchen (mit versteckten Kneipen, die aber erst später interessant wurden) und vor allem Kinder in meinem Alter, die genauso neu (und unsicher) waren wie ich.

Das ist vielleicht auch das, was uns alle verband: Wir wollten dazu gehören. Wenn man neu oder unsicher oder alleine ist, sucht man Gemeinschaft und Gemeinsamkeit mit anderen. Das ist bei vielen Menschen so. Und in dem Maße, wie wir Verbindendes finden, entdecken wir auch Unterschiede. In unserer Klasse waren Schüler aus den umliegenden Dörfern, mit unterschiedlichem Niveau und verschiedenen Voraussetzungen.

Die Klasse war groß: ich meine, wir waren über 40 Kinder (aber hier kann mich mein Gedächtnis auch trügen). Da konnte es leicht passieren, dass man in der Klasse verschwindet, in der Masse von unterschiedlichen Schülern einer Altersstufe und der ganzen Schule.

Ich entdeckte bald ein Mittel dagegen: Ich war sprachlich recht gewandt (denkt an meine hochdeutsche Erziehung) und mit mehr oder weniger „intelligenten" oder witzigen Bemerkungen war mir die Aufmerksamkeit der Klasse gewiss. Und wenn ich es schaffte, den Lehrer aus dem Konzept zu bringen, war meine Position in der Klasse gesichert – wenigstens vorerst.

Aber so einfach war's dann auch nicht; ich musste noch gehörig an meinem Ruf arbeiten – und das tat ich auch. Leider sind dabei die Noten etwas kurz gekommen. Aber der Erfolg stellte sich dann auch ein: In der siebten oder achten Klasse war ich bei Schülern und Lehrern bekannt (einmal war sogar eine – wenig schmeichelhafte – Karikatur von mir in der Schülerzeitung) und meine Noten wurden zusehens schlechter (auch ein „Erfolg" meiner Bemühungen).

Mit 13 oder 14 Jahren kristallisierte sich dann eine Frage für mich heraus: Wollte ich weiter auf den alten Pfaden mit den bekannten Erfahrungen gehen oder gab es auch andere Wege, mit neuen Erfahrungen. Ich entschied mich für die neuen Wege.

Ihr könnt es leicht ausrechnen: Als ich 13 Jahre alt war, schrieben wir das Jahr 1970. Es war eine aufregende Zeit. Es war die Zeit der Studentenproteste, des Vietnamkriegs, der Hochrüstung (der des Kalten Kriegs, wie man auch sagte); junge Leute begannen aufzubegehren, ließen sich nicht mehr alles sagen – ja, sie klagten die Alten auch noch an, die ja genug Fehler gemacht hätten und wie sich Jahre später herausstellen sollte, hatten wir recht. Dieser Protest drückte sich besonders in der Musik und der Mode aus. Die Haare wurden länger, die Röcke kürzer und alles wurde bunter; deutlicher war für mich aber der Wandel in der Musik: Es wurde Rock und Blues gespielt, Bands schrien ihre Wut heraus (mit „Unterstützung" von Drogen), aber es gab auch leise und melancholische Liedermacher, nur mit einer Gitarre. Und die Musik war politisch – alles war politisch – aber dies kommt erst etwas später in mein Leben.

Zuerst einmal war es viel „Flower-Power", auch eine Hinwendung zu Religion in einem ganz weiten Sinn (Gospels, Spirituals und andere Lieder mit religiösen Inhalten waren praktisch an der Tagesordnung) und so entstand ein völlig neues Lebensgefühl ... und eine verwirrende, verstörende Zeit - aber unsere Zeit.

Mit der Musik und der Suche (wir suchen ja alle – immer und ständig) kamen auch die Drogen ins Land. Sie spielten vor allem in den Metropolen eine bedeutende Rolle; allerdings bei uns auf dem Land kamen wir selten damit in Berührung. Ja, auch ich habe gewisse Erfahrungen, aber tatsächlich spielten (illegale) Rauschmittel kaum eine Rolle in meinem Leben – da gab es andere (und durchaus legale) Substanzen, mit denen ich zu kämpfen hatte. Ihr werdet es noch erfahren, wenn es soweit ist.

✪

Meine Eltern hatten den Krieg erlebt, mussten fliehen, eine neue Heimat suchen und hatten alles verloren. So war ihr ganzes Interesse auf's eigene Leben (und das ihrer Familie) bezogen und auf den Aufbau einer neuen Existenz.
Vielen jungen Leuten war das zu wenig (das ist ja auch ein Thema der 68er) und auch ich merkte, dass es da mehr geben musste in meinem Leben, und dazu kamen die politischen Impulse aus der Musikszene. Dieses Neue und Unbekannte weckte meine Neugier.

Die Schülerzeitung (genau die, mit meiner Karikatur) war meine erste Station. Ich weiß nicht mehr, was genau der Anlass war und worin meine Aufgaben in der Schülerzeitungsredaktion bestanden, aber ich lernte neue Leute kennen, ältere Schüler, die mich mit neuen Gedanken und für mich ungewohnten Themen bekannt machten: Es ging um Politik, Ungerechtigkeit, Mitbestimmung (auch – oder gerade - in der Schule) und vieles mehr. Es wurde auch über Demonstrationen und Aktionen gesprochen (wovon ich damals noch nicht viel verstand); der Schulsprecher gab Interviews für die Zeitung und das Radio und so war die neue Zeit da – die 68er mit ihren Schüler- und Studentenunruhen hatten uns erreicht.

Es war eine spannende und aufregende Zeit und ich wollte da mitmachen – war es doch genau das Neue, das ich gesucht hatte.

Aber so wie jetzt, in ein oder zwei Sätzen, war das nicht erledigt. Vielmehr wuchs ich langsam rein und vieles war mir damals noch nicht klar.

Und leider (oder zum Glück) war alles außerhalb des Unterrichts; so trat die Schule für mich immer mehr in den Hintergrund, da mich außer Mathe und Deutsch (bei ganz wenigen Lehrern) sowieso nichts begeistern konnte.

Bei uns im Dorf waren wir Katholiken deutlich in der Minderheit. Traditionelle Religion war damals viel wichtiger als heute und so ist es nicht verwunderlich, dass Rivalitäten zwischen Evangelischen und Katholischen an der Tagesordnung waren. Dies zeigte sich besonders an den speziellen kirchlichen Feiertagen: An Fronleichnam (einem „besonders katholischen" Feiertag mit Prozession) fuhren die einheimischen evangelischen Bauern mit knatternden Schleppern ihren Mist auf die Felder, was die Katholiken mit intensiven Autowaschaktionen am Karfreitag (für evangelische Christen besonders wichtig) beantworteten. Denn damals ging man noch nicht in die Waschanlage – das war viel zu teuer – die Autos wurden vor der Garage mit Schwamm und Schlauch geputzt; über Ölreste und andere Schadstoffe machte man sich keine Gedanken. Für mich war das bis dahin, die richtige Antwort auf das provakante Verhalten der evangelischen Landwirte.

„Bis dahin" sage ich, denn jetzt änderte sich mein Blickwinkel: vielleicht ist Fronleichnam ja gerade die Zeit, wo der Mist (Dünger) ausgebracht werden muss … und tatsächlich ist das Fronleichnamsfest die Zeit, in der der Bauer besonders viel zu tun hat – und eben auch Mist ausfahren muss.

Für uns war das damals wichtig: Altes überwinden, Grenzen beseitigen, Zäune einreißen: den Anderen verstehen und akzeptieren. Wir wollten nicht mehr in Kategorien wie „ich und der Andere" denken, sondern vielmehr das „Wir" und gegenseitiges Verstehen in den Vordergrund rücken. Hier war die Schülerzeitung sicher ein wichtiger und erster Schritt für mich.

Juni 2019

Ihr Lieben,

nach einer kleinen Unterbrechung geht's da weiter, wo ich im Juni aufgehört habe.

Allerdings werde ich eine sehr wichtige Episode der 70er einflechten: die Ölkrise und die Sonntagsfahrverbote. Beides gehört unmittelbar zusammen und hat auf dem Hintergrund der heutigen Diskussion um Klimaschutz und Verkehrswende eine ganz besondere historische Bedeutung.

In Herbst 1973, im Zusammenhang mit dem Jom-Kippur-Krieg (zwischen Israel und arabischen Nachbarländern) drosselten die arabischen erdölexportierenden Staaten die Fördermenge. Dies hatte die Angst vor einer erheblichen Preissteigerung zur Folge. Noch deutlicher war allerdings die Wahrnehmung der Abhängigkeit des Westens von den (zumeist arabischen) Erdölstaaten. Und natürlich auch die Selbstwahrnehmung dieser Staaten, die plötzlich ihre Macht spürten. Das war vermutlich der erste Beginn eines neuen Selbstbewusstseins dieser Regionen.
Die eigentliche Preisexplosion kam erst knapp zehn Jahre später: Hier hatte der Erdölpreis sich tatsächlich vervielfacht und Autofahren wurde spürbar teurer.

Inzwischen fand das Auto erhebliche Verbreitung. Autoindustrie, beziehungsweise verwandte Wirtschaftszweige, stellten damals (und bis heute) eine zentrale Säule der bundesdeutschen Arbeitswelt dar und waren des Deutschen liebstes Kind (und das hat sich bis heute nicht geändert).

Aber stimmt das wirklich mit dem Benzinpreis? Stimmt es wirklich, dass Autofahren immer teurer wird?

1960 musste für einen Liter Sprit ein Durchschnittsverdiener 14 Minuten arbeiten – heute noch 5 Minuten. Nun sollte man noch einrechnen, dass Autos immer verbrauchsgünstiger wurden: Ein durchschnittlicher Mittelklassewagen verbrauchte damals so um die 15 Liter Superbenzin. Mein Vater verkündete damals stolz, dass er mit seiner Familienlimousine unter 15 Liter blieb. Ein vergleichbares modernes Auto (kein SUV, Geländewagen oder Van) kommt heute problemlos mit der Hälfte aus; was das für den Beninpreis (relativ zum Stundenverdienst) bedeutet könnt Ihr selbst ausrechnen!
Ich denke, dass diese Einsparungen durch ein Zweit- und Drittfahrzeug, sowie die erheblich gestiegenen Fahrleistungen mehr als aufgefressen werden, ist ein anderes Thema.

Die Sonntagsfahrverbote („Arabersonntage") hatten noch eine weitere Seite.
Es ging damals Angst und Schrecken durch die (automobile) Bevölkerung. Die Menschen sahen ihre Mobilität und ihr Auto in Gefahr (mit entsprechenden Auswirkungen auf die Industrie), und es konnten tatsächlich weitreichende Maßnahmen durchgesetzt werden, um der drohenden Gefahr zu begegnen.

So gab es im Herbst des Jahres vier autofreie Sonntage in Deutschland und andere europäische Staaten schlugen einen ähnlichen Weg ein. Die Geschwindigkeit auf deutschen Autobahnen wurde für sechs Monate auf 100 km/h begrenzt, auf allen anderen Straßen auf 80 km/h. Tatsächlich ist es aus heutiger Sicht erstaunlich, dass die Politik dies durchsetzte und auch durchsetzen konnte – wo heute eine Begrenzung auf 130 km/h vom Verkehrsminister als „verantwortungslos" und „gegen jeden Menschenverstand" bezeichnet wird.

Für uns war diese Zeit eigentlich ganz witzig: Die Familie hatte plötzlich Zeit füreinander und Fahrradfahrer genossen die ungewohnte Freiheit.
Allerdings waren die Straßen nicht ganz leer: Öffentlicher Nahverkehr und Fahrzeuge mit Sondergenehmigung (Krankenwagen etc. und mein Bruder mit dem „Pfarrbussle"!) durften fahren, so dass auch in dieser Zeit eine gewisse Mobilität gesichert war.

Ja, diese Maßnahmen klingen eigentlich ganz modern und könnten gerade heute Muster für eine Verkehrswende werden. Es wären tatsächlich brauchbare Ansätze, um die Klima- und Umweltproblematik anzugehen.
Allerdings muss ich Euch hier enttäuschen: Der deutsche Autofahrer ist bereit, sehr viel zu tun, damit er auch morgen noch mobil ist – für die Umwelt und das Klima ist sein Engagement bei weitem nicht so ausgeprägt.

Wenn ich nun zurückblicke, fallen mir als erstes die Schul-partys ein. Wie gesagt: die neue Musik brachte ein ande-res und unbekanntes Lebensgefühl: Da war Wut, die man herausschrie und Gefühle, die wir erlebten und auslebten.

Bis dahin kannte ich Musik aus dem Radio oder von mei-nem (drei Jahre älteren) Bruder: „Beatmusik" im Grunde Popmusik, Ohrwürmer, ansprechende Kompositionen, die zuerst einmal gefallen sollten und zum Mitsingen er-munterten. Das Neue, das ich jetzt zu hören bekam, war lauter, kompromissloser oder leiser, zart und voller Ge-fühl. Vieles war rein instrumental und verzichtete so auf die inhaltliche Botschaft durch den Interpreten und ließ viel Raum für Eigenes.

Um dieses Eigene zu gestalten, war die Schülerzeitung ein möglicher Weg. (Sicher kommen euch meine Worte ne-bulös und unklar vor, aber besser kann ich es heute nicht mehr fassen – aber vielleicht versteht ihr es auch, weil ihr es selbst kennt!)

Auf den Partys (die eine Schulveranstaltung waren, es wa-ren also alle Schüler beteiligt), fand ich Kontakt zu Schü-lern anderer Klassen und vor allem anderer Altersstufen und bei einer solchen Gelegenheit kam ich wohl auch mit den Leuten von der Schülerzeitung in Kontakt.

Die Schülerzeitung hatte damals einen eigenen Raum – ein Rückzugsgebiet, einen Schulteil, zu dem Schüler den Schlüssel hatten!

Ihr müsst euch vorstellen, dass es damals an deutschen Schulen anders zuging als heute: erst 1973 wurde die Prügelstrafe verboten, in Bayern sogar erst 1980. Zu der Zeit, von der ich hier schreibe war ich etwa 13 Jahre alt, es war also das Jahr 1970. Wenn wir geschlagen wurden, gab es nicht die Option sich bei den Eltern zu beschweren; da hieß es, der Lehrer wird schon seinen Grund haben und es gab nochmals eine Klatsche.

„Der Lehrer hat immer recht" – so sagt man noch heute; damals war es aber deutlich ausgeprägter. Schüler waren bis dahin nicht nur rechtlos, sie waren im Grunde nur Empfänger ohne eigene Bedürfnisse, die erst durch die Bildung zu wahrhaftigen Menschen werden sollten.

Aber wir hatten damals einen Rektor; ich will den Namen nicht nennen, denn es wurde später wüst über ihn gesprochen (strafversetzt, Verhältnis mit einer Schülerin …). Das ist mir heute (und war auch damals) alles egal! Er war ein Mann mit Visionen. In seine Zeit fiel die Stärkung der SMV (Schülermitverwaltung – sie war bis dahin völlig wirkungslos) und die Beteiligung und eigenverantwortliche Gestaltung des Schullebens durch die Schüler (und das bestimmte meine nächsten Jahre). Diese Entwicklung war aber nicht nur auf unsere Schule bezogen! Es wehte in den 70er Jahren ein neuer, frischer Wind durch die Schulen, aber vielleicht hatten wir – oder unser Rektor – ein wenig die Nase vorn.

Etwa zur selben Zeit wurde meine Position in der Schule immer schwieriger: Nicht nur, dass ich durch Kommentare und Bemerkungen auffiel (und besonders gerne Lehrer lächerlich machte), jetzt kam noch ein erheblicher Widerspruchsgeist, ein Aufbegehren, ein deutliches Gefühl für Gerechtigkeit hinzu.

Es war klar, mittelfristig musste es knallen und das tat es: Es muss wohl in der siebten oder achten Klasse gewesen sein (ich war etwa 14 Jahre alt), da wurde über meinen Schulausschluss beraten. Ich mach's kurz: Ich hatte Fürsprecher und bin mit einer Doppelstrafe davon gekommen. Zum einen wurde ich zum Protokollanten der SMV bestimmt (was ich super fand), zum anderen wurde ich auf Lebenszeit (!) von allen außerschulischen Veranstaltungen ausgeschlossen! Also ab der achten Klasse kein Schullandheim, kein Klassenausflug, keine Englandfahrt und keine Schulpartys mehr ... nichts.

Meine Eltern fanden es prima, denn so sparten sie eine Menge Geld. Ich hab's geschluckt, als 14-jähriger hat man ja auch keine andere Wahl – und so schlimm war's nicht. Denn durch die ständigen erzwungenen Klassenwechsel (ein übliches Mittel, um einen Schüler zu brechen: man entzieht ihm den sozialen Rückhalt) war ich sowieso in der Klasse wenig eingebunden und letztlich gab dies mir Zeit für andere Aufgaben.

Und diese Aufgaben kamen.

In der Schulleitung gab es einen Wechsel, nicht nur in der Person des Rektors, auch im Stil: Konkret spürbar wurde dies durch das Verbot der Schülerzeitung und der deutlichen Einflussnahme bei den Schulsprecherwahlen.

Im Unterricht brachte ich keinen Fuß mehr auf den Boden. Unterstützung gab es nicht, weder von Mitschülern, noch von Lehrern. (Heute würde man fragen: Warum verhält er sich so, was ist passiert, was können wir ändern? Früher fragte man: Wie kriegen wir den Störenfried ruhig, wie kann sein Widerstand gebrochen werden?)

Die Lehrerschaft war damals deutlich von Angst geprägt: die einen (die Altnazis, die es in den 70er Jahren noch zu Hauf gab) hatten Angst vor ihrem Machtverlust und der Entlarvung (siehe Ministerpräsident Hans Filbinger: 1978 zum Rücktritt gezwungen, weil er als Richter für die Nazis Todesurteile fällte, dies aber abstritt, bzw. verschwieg), die anderen hatten Angst, als Sympathisanten der Studenten- (und Schüler-) Unruhen verschrien oder als „Linke" denunziert zu werden.

Der „Radikalenerlass" war in den 70ern nämlich sehr „beliebt": linke (oder unliebsame) Personen wurden einfach mit Berufsverbot belegt und die Welt war wieder in Ordnung. Da könnt ihr euch denken, dass sich da kein Lehrer aus dem Fenster lehnt, bzw. was in der Schule als Lehrer ankam, wurde vorher eingehend überprüft und war so natürlich „ungefährlich" und angepasst. Bei den Rechten, den Nazis wurde übrigens nicht so viel Aufhebens gemacht: Gerade bei Polizei und Bundeswehr (ausgerechnet bei bewaffneten Berufen!!!) gab und gibt es bis heute unzählige Nazis und Leute mit rechter oder rechtsextremer Gesinnung.

Die Angst, die hier verbreitet wurde, herrschte noch lange; erst als (der Altnazi) Filbinger seinen Hut nehmen musste, durfte man mit vorsichtiger Entspannung rechnen.

Hier ist wohl auch das Verbot unserer Schülerzeitung einzuordnen. Es hieß, wegen linksradikaler Umtriebe und Unterwanderung – so die offizielle Begründung. Es musste wohl einen Spitzel gegeben haben. (So viel zum Thema Überwachung, das ja auch heute wieder interessant ist. Da fällt mir das Schulportal der AfD ein, das tatsächlich dieser Tage freigeschaltet wurde: Schüler und Lehrer werden aufgefordert, sich gegenseitig zu bespitzeln und zu denunzieren. Das gab's im Dritten Reich auch – nur ohne Internet – und da kommen solche Methoden ja auch her.).

Pech war nur, dass genau diese Schülerzeitung einen Preis bekam. Sie musste also wieder erscheinen, wollte die Schulleitung keinen Gesichtsverlust erleiden. (Ich meine, die Geschichte landete auch bei der Zeitung – es gab damals gut vernetzte Leute). Natürlich weigerten wir uns und das schulleitungsgenehme Ersatzteam kriegte es wohl nicht hin (hier sind meine Erinnerungen sehr unvollständig – aber so muss es gewesen sein).

Mit Unterstützung eines Lehrers (dem einzigen, der auch mich – verdeckt – unterstützte, übrigens ein Mathe-Lehrer) druckten wir eine neue Zeitung, aber außerhalb der Schule, selbst, bzw. durch Spenden und Werbung finanziert und auf eigenem Drucker (bzw. auf dem Drucker des Lehrers). Jetzt waren wir wirklich eine kleine, konspirative Gruppe. Jetzt begann tatsächlich die massive Politisierung an unserer Schule. Dies hatte auch Auswirkung bei der Schulsprecherwahl: Zum ersten Mal gab es Wahlkampf, gleichberechtigte Kandidatenvorstellung und einmal auch eine erfolgreiche Anfechtung der Wahl. All das gab's vorher nicht: Demokratie war etwas, das die Großen unter sich ausmachten; aber jetzt kam es auch bei uns an.

✪

Inzwischen war ich wohl schon 15 oder 16 Jahre alt (und hatte ein Mofa, was meinen Aktionsradius erheblich erweiterte).

Durch Zufall erhielt ich in dieser Zeit meinen ersten Nachhilfeschüler. Es ist beinahe zynisch, wie es dazu kam: Obwohl meine Noten sehr schlecht waren, bat mich ein Lehrer (!!!), einem Schüler der unteren Klassen in Mathe zu helfen. Es sollten noch andere Lehrer (auch aus anderen Schulen) um Unterstützung bitten (denn ich war ziemlich gut), was sehr seltsam ist, bedenkt man, dass es zum Teil genau die Lehrer waren, die mir im Zeugnis eine mangelhafte Leistung bescheinigten („mit Freude" – Originalton einer Lehrerin; ich könnte ihren Namen noch heute nennen – sie war es auch, die jedem eine schlechte Note gab, der DDR sagte und nicht wie sie forderte „Sowjetisch besetzte Zone – SBZ").

Schon nach kurzer Zeit war ich als Nachhilfelehrer „ausgebucht". Ich konnte erst wieder neue Schüler annehmen, wenn andere mich nicht mehr benötigten.

In dieser Zeit spürte ich massiv die Mängel unseres Schulsystems, das weniger auf Bildung, vielmehr auf Anhäufung von Wissen und Anpassungen ausgelegt ist. Da ändert sich auch heute nur langsam etwas.

Ihr könnt euch vorstellen, wie wütend das macht und wütend war ich auch damals. Das System (in diesem Fall das Schulsystem – aber die Gedanken zogen schnell weitere Kreise) hatte ausgedient, so unsere Worte damals und wir spürten, dass wir jetzt am Ball bleiben mussten, wollten wir etwas verändern.

All das wirkte sich natürlich auch auf die Schule aus, bzw. das Schulverhalten (von mir und auch allgemein):
Der Unterricht wurde von vielen genau verfolgt, kritisiert und diskutiert. Unsere Lehrer hatten es gewiss nicht leicht, haben es sich aber leicht gemacht. Das zeigt sich am Beispiel des Religionsunterrichts:
Den vielen Austritten (weit über 50%, ich meine z.T. waren es sogar nahezu 100% - genau weiß ich es nicht mehr) „begegnete" man damit, dass Klassen zusammengefasst wurden und verschiedene Lehrer nur ihr Spezialthema „runterbeteten". Ein Verhältnis zum Lehrer konnte sich so natürlich nicht entwickeln (oder wurde bewusst verhindert). Einzig ein Lehrer – der katholische Pfarrer – spielte nicht ganz mit. Er unterstützte uns in unserer Kritik (aber auch das nur hinter vorgehaltener Hand), ohne Erfolg. Witzig ist seine Reaktion auf die Leistungskontrollen, reine Wissensabfragen, die in mehreren Klassen parallel abliefen: Er postierte einen Schüler an der Tür als Aufpasser und gab uns dann die richtigen Lösungen. Die Scheinheiligkeit des Ganzen war auch damals für uns deutlich spürbar: lieber so tun, als spiele man mit, als laut aufzubegehren. Heute weiß ich, dass es genau dieser Unterricht war, mit dem die Schüler vertrieben wurden. Ich

habe heute als Religionslehrer weniger als 1% Abmeldungen, bezogen auf **alle** Schüler, also auch konfessionslose und die mit anderer Religionszugehörigkeit.

✪

Diese Aktivitäten zur Veränderung und auch das kritische Verhalten waren natürlich nicht nur auf die Schule beschränkt.

O, war damals ein Dorf. Für Jugendliche gab es im Grunde genommen nur den Sportverein, den Musikverein – und die Kirche!

Ich wohnte gegenüber der Kirche und war seit vielen Jahren Ministrant. Da lag es nahe Jugendarbeit aufzubauen, um ein vernünftiges Angebot zu schaffen. So passierte es damals in vielen Orten – die Zeit war reif und die vielen jungen Leute strotzten geradezu vor Enthusiasmus. Die Voraussetzungen bei uns waren gut, denn genau der Pfarrer, der den fragwürdigen Religionsunterricht mit seinem Verhalten bei Leistungskontrollen unterlief, war unser Gemeindepfarrer. Außerdem kannte man mich als langjährigen Ministranten.

Der Anfang war eine Kindergruppe (die ich leitete) und eine Jugendgruppe (wo ich Mitglied war – einen Leiter brauchten wir nicht). Andere Aktivitäten kamen dazu und bald waren wir mehr als ein Dutzend Aktive in der Gemeinde (die meisten aus der selbstverwalteten Jugendgruppe).

Die Erfahrung, selbst verantwortlich zu sein und gestalten zu können, gab uns Kraft und tatsächlich mischten sich Erwachsene im großen Ganzen nicht ein. Wir bekamen Unterstützung durch Rat und Räume; Geld war weniger wichtig, es war das ehrenamtliche Engagement, das die Arbeit trug.

Es entwickelte sich gleichzeitig auch eine neue Art der Demokratie (wie sich am konkreten Beispiel unserer selbstverwalteten Jugendgruppe zeigt) und das nicht nur bei uns, sondern auch an anderen Orten. Wir begannen, uns zu vernetzen, und bald gab es ein vernünftiges Angebot für Kinder und Jugendliche im ganzen Landkreis.

Es war ein gutes Gefühl, als Delegierter entsandt oder zum Sprecher gewählt zu werden. Wir wurden ernst genommen und wir waren mit unserer Arbeit wichtig. Ein ähnliches Gefühl muss es bei der „Fridays-for-Future-Bewegung" sein.

Alles war plötzlich politisch und die Befreiung aus der Bevormundung der Alten war deutlich spürbar. Jetzt war's klar: An uns kam man nicht mehr so leicht vorbei. Wir hörten den Ruf der Zeit: „Pack es selbst an", und wir taten es.

Religion begegnete einem plötzlich überall (Religion, **nicht** Kirche); ein Gospelchor, im Grunde ein amerikanischer Kirchenchor, war über Jahre in den internationalen Topcharts, Gott und Glauben begegnete uns in der aktuellen Musik ständig, Soer Sourire, eine belgische Nonne, wurde zum Superstar, der Film „Jesus Christ Superstar" gehörte zum Pflichtprogramm, und natürlich wurde auch die Religion politisiert (z.B. die Revolution in Nicaragua mit Ernesto Cardenal, Jesus wurde mit dem Widerstandskämpfer Che Guevara verglichen und vieles mehr).

Vorort wirkte sich das in einer aktiven Gestaltung des Gemeindelebens aus – oder wenigstens mit dem Versuch! Denn wir waren zum Großteil noch keine 18 Jahre und so weder aktiv noch passiv wahlberechtigt für die Wahl zum Kirchengemeinderat (das Entscheidungsgremium der Kirchengemeinde, ähnlich dem Gemeinderat).

Wir versuchten trotzdem, eine eigene Liste aufzustellen (und es war das erste Mal, dass es sowas wie Wahlkampf für den Kirchengemeinderat gab und Listen mit eigenem Programm waren auch nicht üblich). Da wir für diese Listen nicht selbst kandidieren durften, suchten wir uns Gemeindemitglieder, denen wir zutrauten, unsere Interessen zu vertreten.

Letztlich brachte es nicht viel, aber der Versuch, selbst zu gestalten, war eine wichtige Erfahrung. Und tatsächlich waren bei der nächsten Wahl Leute von uns vertreten.

Es war eine Zeit, in der alles möglich schien oder zumindest vieles. Dass dem nicht so war, zeigt eine Episode, die mich doch deutlich in die Realität holen sollte: Ich war inzwischen 18 oder 19 Jahre alt; es war die Hochzeit meines Bruders und ich wollte ministrieren. Aber inzwischen hatten wir einen neuen Pfarrer. Es ging dann ganz schnell: Ich dürfe erst wieder an den Altar, – so seine Worte – wenn ich mir meine schulterlangen Haare schneiden lasse.

So kann's gehen – gestern willst du die Welt aus den Angeln heben, heute ist es die Haarlänge, an der du scheiterst. Frustrierend waren für mich der Beifall und die Unterstützung, die er von den Altvordern erhielt.

★

Die Mittlere Reife hatte ich dann mit Ach und Krach (auf den zweiten Anlauf) erhalten. Im Nachhinein denke ich, die gesammelte Lehrerschaft holte zum Schlag gegen den unbequemen Schüler aus: Obwohl ich mich wirklich auf den Unterricht konzentrierte, lernte und all das, was ein guter Schüler macht, erreichte ich nur ein Ergebnis, das gerade noch „ausreichend" war.

Die zehnte Klasse musste ich wiederholen (ich sagte es wohl bereits). Mit mir neu in der Klasse war E, auch er mehrmals sitzen geblieben. Und das war nicht die einzige Gemeinsamkeit. Wir waren beide wohl im selben Maße bei Lehrern gefürchtet – und nun in einer Klasse. Ich kann nur sagen, wir waren unerträglich – und ich bilde mir ein, dass wir jeden Unterricht sprengen konnten, wenn wir uns die Bälle zuspielten. Wir waren beide chaotisch; ich mit der Tendenz zur Konfrontation, er eher zu Destruktion neigend. Aber vielleicht schwingt hier auch eine Portion Arroganz mit, denn E kam aus besonderen Verhältnissen: Aufgewachsen war er mit zu vielen Geschwistern in einer zu kleinen Wohnung in einem Problemviertel. Ich war einmal bei ihm zu Hause – und meine mich an zwei Stockbetten im Kinderzimmer zu erinnern, also vier Betten. Im Klartext, es war wohl nichts von ihm zu erwarten, so dachten wir Schüler und vermutlich auch die Lehrer.

Ich möchte aber von der Abschlussfeier erzählen – denn da spielte E eine besondere Rolle.

Unser Klassenlehrer Herr F (derselbe, bei dem ich Mathe lieben gelernt habe und mit dem wir die Schülerzeitung druckten), hatte sich in den Kopf gesetzt, trotz der chaotischen Truppe, einen würdigen Abschluss hinzukriegen. Ich kann mich nicht mehr an viel erinnern, eigentlich an nichts (hier muss ich tatsächlich ein wenig im Nebel stochern), nur noch an E.

Herr F fand, ein bisschen Livemusik, ein Lied oder sowas wäre gut (wahrscheinlich haben wir uns vorher getroffen, sicherlich aber abgesprochen - in der Vorbereitungsgruppe war ich mit Sicherheit dabei), und er suchte ein Stück heraus „Weg da, du Wicht …" . E sollte Gitarre spielen, so unser Plan (wir alle wussten, dass das zu dem Wenigen gehörte, dass er perfekt beherrschte). Ich weiß nicht mehr, wie Herr F (oder wir?) es schafften, ihn zu überreden, auch nicht mehr, wie wir das mit den Proben machten (denn weder Pünktlichkeit noch Zuverlässigkeit gehörte zu E's Tugenden).

Wie der Abend ablief, weiß ich auch nicht mehr (mit Sicherheit waren meine Eltern nicht dabei). Sangen wir auf der Bühne, gab's weitere Programmpunkte, Reden … alles ist weg. Nur eines blieb: Ich sehe bis heute, wie E alleine auf der Bühne steht, mit seinen mehr als schulterlangen Haaren, ausgewaschenen Jeans und seiner Gitarre (mit uns als Chor?). Er spielte wunderschön. Und die Worte, die er sang, „Weg da du Wicht …", mussten eigentlich wie Ohrfeigen auf uns Schüler und die Lehrer gewirkt haben (ich habe es wenigsten so erlebt). E, der mit Sicherheit die letzten Jahre, vermutlich sein Leben lang rumgeschubst und ausgegrenzt worden war, stand da auf der Bühne und spielte für uns auf der Gitarre. Für die, die ihn ausgrenzten und schräg anschauten, für Lehrer und für Schüler. Ich sehe ihn noch vor mir – er alleine und er machte Musik – und er beschämte uns alle! Denn keiner von den knapp 100 Abschlussschülern hätte das gebracht. Er, der in unseren Augen ein Asozialer und Loser war, gut für Chaos und Randale, musste es reißen.

Ich habe noch oft an E gedacht. Als ich ihn das letzte Mal sah (vor ca. 30 Jahren), war er Alkoholiker und vorbestraft.

Heute überlege ich mir, was wäre gewesen, wenn Herr F (oder ein anderer Lehrer) es früher geschafft hätte, E's Fähigkeiten herauszukitzeln, ihn zu fördern und zu fordern. Was wäre gewesen, wäre irgendjemand bereit gewesen, sich auf E einzustellen, ihn anzunehmen und ernst zu nehmen.

Übrigens: er hat zwar auf der Feier gespielt, aber nur für uns! Denn er bekam keinen Abschluss, bestand die Prüfung nicht. Gespielt hat er für uns, nur für uns … und hat uns die Worte eingehämmert „Weg da, du Wicht …".

Damals war es weit verbreitet, dass strebsame Eltern ihre Kinder in bevorzugten Betrieben unterbrachten. Natürlich spielten hier die Beziehungen, die sie im Dorf und der Region hatten, eine wichtige Rolle.

Heute bin froh, dass ich diesen Weg schnellstens wieder verließ. Ich lehnte die Ausbildungsstelle als Industriekaufmann, die mir mein Vater vermittelte, ab und suchte meine eigenen Wege.

Nach zwei Jahren Praktikum hatte ich dann (in Verbindung mit meiner Mittleren Reife) die Möglichkeit des zweiten Bildungswegs. Ich bewarb mich auf dem Collegium Ambrosianum. Dort konnte ich in einem Jahr die Fachhochschulreife erlangen (und damit die Studienberechtigung).

✪

Hier möchte ich einen Einschub machen.

Ich leide seit der Jugend an einer unheilbaren Schmerzerkrankung (Clusterkopfschmerz). Früher war es noch viel furchtbarer - vor allem auch, weil niemand genau wusste, was es ist (viele dachten, ich simuliere – das war das Schlimmste).

So war ich also beständig auf der Suche nach Wegen, um die Schmerzen wenigstens einigermaßen im Zaum zu halten und bereit, so ziemlich alles zu schlucken (Clusterkopfschmerzen sind extreme Kopfschmerzen – man kennt ihn auch unter dem Begriff Selbstmordkopfschmerz!).

Ich sagte bereits: Ich habe mit illegalen Drogen kaum etwas zu tun gehabt. Anders sah es mit legalen Drogen aus, das heißt in diesem Fall mit Medikamenten in jeder Form.

Es war während des Praktikums in einem Alters- und Behindertenheim. Die Einrichtung (den Namen nenne ich bewusst nicht) war eigentlich schon damals aus der Zeit gefallen: Die Bewohner waren eine bunte Mischung aus dem gesamten gesellschaftlichen „Abfall", nutzlos gewordene Elemente unserer Gesellschaft, aussortiert, weil unbrauchbar geworden; es waren Alkoholiker, Psychotiker, körperlich, geistig und mehrfach Behinderte, alles bunt gemischt. Es waren recht skurrile Gestalten (einer war seit den 30er Jahren des letzten Jahrhunderts in dieser Einrichtung).

Das Heim lag genau zwischen zwei Ortschaften (damit es so wenig wie möglich stört). Eigentlich war es ein kleines Dorf für sich: Landwirtschaft, ein kleiner Laden, eine Kapelle, eine Krankenstation und ein eigener Friedhof.

Es wurde viel geraucht. Die Bewohner sammelten (vor allem am Monatsende) die Kippen aus den Aschenbechern, um aus den Tabakresten neue Zigaretten zu drehen. Das kann man sich heute überhaupt nicht mehr vorstellen. Am Monatsanfang wurden dann wieder fertige Zigaretten gekauft …

Irgendwann kam ein neuer Bewohner; ich meine es war ein Spastiker, etwa Jahrgang 1940. In diesem Zusammenhang fiel mir auf, dass die Behinderten durch die Bank deutlich jünger sind (maximal 35 Jahre alt). Irgendwann fragte ich in dieser Sache einen älteren Pfleger nach dem Grund. Ich wusste, dass behinderte Menschen häufig eine kürzere Lebenserwartung haben – aber nicht in diesem Maße! Die Antwort hätte ich mir eigentlich auch selbst geben können: Im Dritten Reich wurden Behinderte in der Regel als „lebensunwertes Leben" getötet. Dieser Mann hatte als Kind das Glück, dass seine Eltern ihn versteckten und ihm so ein zweites Mal das Leben schenkten.

Diese Antwort schockierte mich sehr, zeigte mir aber, warum viele ihre behinderten Kinder nach wie vor versteckten – oder eben nicht offen mit dem Handicap umgingen.

Als Zivis und Praktikanten wurden wir im Heimbetrieb voll eingesetzt (mit Schichtdienst und allem, bei einem Bruchteil der Bezahlung, aber das hat sich bis heute kaum geändert) und so waren wir hin und wieder auch für die Medikamente zuständig. Ich hatte also ziemlich leichten Zugang zu allen möglichen Drogen (genau das sind Medikamente nämlich) und machte ausgiebig Gebrauch davon. Zuerst waren es nur Schmerzmittel, die ich gegen meine ständigen Kopfschmerzen nahm, später experimentierte ich mit allem Möglichen ...
Irgendwann war ich dann in einem Karussell der Sucht, gefangen von Angst und Schmerzen, eingekeilt zwischen gestern und morgen, wo dich nur die Routine schützen kann, vor dem was du nicht erträgst, nämlich das Leben, dass du findest, den Schmerz, den du spürst und vor allem das Leben mit dem Schmerz.

Das Fatale war, dass jemand, der Medikamente schluckt, zusätzlich noch das Mitgefühl seiner Umgebung erhält, also eine doppelte Motivation hat, mit seiner Sucht fortzufahren.

Soweit zu diesem Thema; dass ich da raus kam, habe ich zuerst einmal der Oma zu verdanken.
Allerdings wird mich das Thema Clusterkopfschmerz mein Leben lang begleiten; etwas besser wurde es erst etwa 20

Jahre später, als ein Arzt endlich die richtige Diagnose stellte.

Ich war inzwischen im Ambrosianum und auf einem ganz guten Weg. Mein Abschluss war tatsächlich nie gefährdet (auch wenn ich wieder als Schlechtester der Klasse abschnitt – aber diesmal mit 2,7!). Ich wollte Sozialarbeiter werden. Modeberufe gab es schon immer und Sozialarbeit oder Sozialpädagogik waren damals zwei davon. Nach meiner Erfahrung mit der Schule kam mir der Lehrerberuf überhaupt nicht in den Sinn; auch wir sind damals blind mit der Masse geschwommen.

Da aber Sozialarbeit und alle vergleichbaren Berufe völlig überlaufen waren, schaute ich nach verwandten Bereichen und fand die Religionspädagogik. Ich war ja nach wie vor aktiv in der kirchlichen Jugendarbeit – nach dem Eklat mit der Haarlänge nur noch auf Kreisebene – und auch als langjähriger Nachhilfelehrer, hatte ich in die Pädagogik einen gewissen Einblick.

Tatsächlich zögerte ich nicht sehr lange, nachdem ich eine Zusage für einen Studienplatz in Freiburg für Religionspädagogik hatte. Allerdings ist Freiburg ein neues Kapitel.

Vorher muss ich noch unbedingt auf ein weiteres bedeutendes geschichtliches Faktum eingehen: die RAF und die Ermordung des Arbeitgeberpräsidenten Schleyer (1977).

Wir, das heißt die junge Generation, sahen uns irgendwann in unserem Widerstand gegen die „Altvorderen" vor eine Entscheidung gestellt. „Macht kaputt, was euch kaputt macht", so war unser Motto, aber wie weit das gehen durfte, darüber waren wir uns nicht einig. Manche waren der Meinung, der Kampf gegen die herrschenden und beherrschenden Verhältnisse dürfe auch Gewalt, z.B. gegen Banken und Versicherungskonzerne beinhalten, andere lehnten jegliche Gewalt ab – und viele standen dazwischen. Auch ich war mir alles andere als sicher, hatte ich doch Zugang zu diesen Kreisen. Es war eine schlimme Zeit für uns und tatsächlich sollte es eine Entscheidung werden, die nicht nur unser Leben, sondern auch die gesamte politische Kultur in Deutschland beeinflussen sollte. Aus dieser Entscheidung ging dann die Terrororganisation RAF hervor, die viele Menschenleben und noch mehr Verbrechen zu verantworten hat, aber auch z.B. die Grünen (gegründet als Bundespartei 1980, die Anfänge gehen bis weit in die 70er zurück), Greenpeace (gegründet 1971), Amnesty International (gegründet schon Anfang der 60er), Terre des Hommes (1960), Terre des Femmes (1981), Ärzte ohne Grenzen (1971) und andere Organisationen, wo sich Aktivisten zum gewaltfreien Kampf für den Menschen zusammenschlossen.

Die weitreichenden Folgen dieser Entscheidung waren damals sicher noch den Wenigsten klar; umso schwieriger war, es einen Weg zu finden, wenn man nicht genau weiß, wo er hinführt.

Es war schick und modern, links zu sein, und auch ich war kurze Zeit in einer kommunistischen Organisation (KBW).

Tatsächlich fanden wir aber damals nicht auf dieser Seite Unterstützung und Orientierungshilfe, sondern in der Religion. Christentum und Sozialismus zusammen zu denken ist eigentlich einfach, betrachtet man den Einsatz Jesu für Unterprivilegierte und die Randgruppen der Gesellschaft, sowie das Urchristentum. Mit zwielichtigen Gestalten ging er selbstverständlich um und auch mit offensichtlichen „Sündern". Auch in seiner Botschaft war die unbedingte und kompromisslose Sorge um den Einzelnen. Dabei stand aber eine Maxime in seinem Handeln beständig im Mittelpunkt: Liebe deinen Nächsten wie dich selbst und die unbedingte Gewaltlosigkeit. (Vielleicht erinnert Ihr Euch noch, was ich weiter oben über die Bedeutung von Religion in dieser Zeit geschrieben habe; das passt jetzt gerade hier rein!) Dies gab mir und vielen anderen Halt und Orientierung.

Natürlich ging's auch im Ambrosianum nicht ohne Zwischenfälle ab (aber auch Jesus hat ja Tische vor dem Tempel umgeworfen).

Wir im Ambrosianum waren alles Schüler, deren Ziel ein Studium war. Was lag also näher, als sich an dem angekündigten Studentenstreik mit einer Solidaritätsaktion zu beteiligen.

Wir beschlossen also einen Schulstreik für einen Tag. Die Reaktion der Schulleitung war nicht nur ein Verbot (damit hatten wir ja gerechnet), sondern die „Empfehlung" in jeder Klasse an diesem Tag eine Klassenarbeit in einem

Hauptfach zu schreiben (und ein Fehlen natürlich mit einer 6 zu quittieren). In unserer Klasse war eine Arbeit in Mathe angekündigt; da ich tatsächlich der Einzige war, der sich eine 6 leisten konnte (ich stand zu dem Zeitpunkt auf 1,0) war ich dann auch der Einzige, der fehlte – und statt der verdienten „Eins" eine drei im Zeugnis hatte.

Da war sie wieder, die Rache des kleinen Mannes, die nur das Ziel hat, Angst zu schüren und Gehorsam zu erzwingen. Die Angst war ein zentrales Mittel, mit dem wir uns konfrontiert sahen: Der Radikalenerlass schwebte noch immer über uns wie ein Damoklesschwert.

Besonders wichtig waren für mich damals die Freizeiten für Behinderte und Nichtbehinderte, an denen ich mitmachte (oder Normalbehinderte und Körperbehinderte – wie wir sagten). Ich war mehrmals, sowohl als Teilnehmer, wie auch als Betreuer, dabei. Es war in der Zeit meiner zweijährigen Praktikumszeit und noch danach. Es waren wichtige zentrale politische Erfahrungen für mich und spiegeln auch die politische Dimension dieser Zeit wieder.

Zuerst einmal verwundert es wohl inzwischen nicht wirklich, dass diese Freizeiten unter dem Dach der katholischen Kirche stattfanden. Sie waren organisiert vom Referat Behindertenarbeit, einer Teilorganisation des BDKJ (Bund deutscher katholischer Jugend).

Im Referat selbst wurde die Behindertenarbeit streng politisch gesehen, d.h. die gesellschaftlichen und politischen Ursachen für die Behinderung bzw. Einschränkungen die Betroffene erfahren, wurden schonungslos analysiert und entsprechend thematisiert.

Natürlich waren die Menschen behindert, bzw. hatten körperliche und geistige Einschränkungen, aber für die Behinderung in der Gesellschaft – so die „Konzeption" des Referats – seien die Umgebungsbedingungen (z.B. Treppen, Hindernisse, die Fixierung auf den leistungsfähigen Arbeitnehmer etc.) verantwortlich. Darunter haben alle zu leiden (deshalb „normalbehindert"). Ziel einer erfolgreichen und zielführenden Behindertenarbeit müsse also die Veränderung der Gesellschaft, hin zu einer humaneren Ordnung sein, d.h. Abbau des Leistungsprinzips, Beseitigung jeglicher gesellschaftlicher Schranken, hin zu einer gleichberechtigten (und im Grunde sozialistischen) Gesellschaftsordnung.

Diese „Konzeption" war es dann auch, die uns beständig begleitete. Wir sprachen von der „Konzeption", diskutierten, ob dies oder jenes der „Konzeption" entsprach, auf welchem Weg, mit welchen Maßnahmen und Aktionen den eigentlichen Zielen näherzukommen sei, aber der eigentliche Inhalt (die Veränderung der Gesellschaft hin zum Aufbau einer sozialistischen Ordnung) wurde nicht laut und nur selten leise ausgesprochen. Und tatsächlich haben wir, ging's einmal wirklich an's Eingemachte, vorher kontrolliert, ob jemand auf dem Flur war, sowie Türen und Fenster geschlossen.

Anscheinend waren wir aber nicht vorsichtig genug: das Referat wurde aufgelöst, die Verträge der Mitarbeiter nicht verlängert und die Behindertenarbeit unter neuem (konservativerem) Dach weitergeführt.

Dieses Konzept des Referats halte ich übrigens bis heute noch vernünftig, wenn ich auch inzwischen manche Dinge in einem etwas anderen Licht sehe.

Auf einer solchen Freizeit habe ich übrigens auch die Oma kennengelernt; wir waren Betreuer auf derselben Freizeit. Dies ist ein weiterer Grund, warum diese Zeit so unverzichtbar für mich ist und mein Leben bis heute in erheblichem Maße prägt.

Im Zusammenhang mit der Hippie-Zeit tauchen häufig Begriffe auf wie sexuelle Befreiung, aber auch Zügellosigkeit und ähnliches. Ein Spruch, der damals kursierte, war: „Wer zweimal mit derselben pennt, gehört schon zum Establishment". Die Jugend würde die Ehe nicht achten und Wohngemeinschaften wären der Ort, wo jeder mit jedem (oder jeder) Sex habe und, statt zu arbeiten, würden dort in erster Linie Orgien gefeiert.
Tatsächlich ist das alles Quatsch. Wir waren genauso treu (oder untreu) wie unsere Eltern und uneheliche Kinder gab es zu allen Zeiten; nur wurden sie jetzt eben nicht mehr so versteckt. Und das Thema Sexualität entwickelte sich zu dem, was es tatsächlich ist: ein menschliches und gesellschaftliches Thema.
Hier lohnt es sich auch mal, die Familiengeschichten dieser Generation und ihre meist sehr hohen) moralischen

Ansprüche anzuschauen. Hinter vorgehaltener Hand (und seltener auch offenen und ehrlich) wurde von so manchen ungewöhnlichen Elternsituationen gesprochen. Da gab's mehr uneheliche, außereheliche und „Dreimonats"-Kinder, als man es sich vorstellen kann. Und mit Sicherheit war es nicht jedes Mal der Krieg, der daran schuld war.

Zum Hintergrund: Erst Ende der 60er-Jahre wurde der „Kupplerparagraph" (§180 STGB) entschärft. Bis dahin machte sich ein Vermieter (oder z.B. die Eltern, etc.) strafbar, wenn sie nicht dafür sorgten, dass sich der Herrenbesuch bei der Mieterin rechtzeitig verabschiedete. (Tatsächlich weiß ich nicht mehr, ob es auch anders herum so war.) Natürlich verschwindet sowas nicht einfach durch ein geändertes Gesetz aus den Köpfen. Das heißt, das Gesetz verschwand zwar, aber das Verhalten blieb.
Auch Nacktheit war in vielen Familien keine Selbstverständlichkeit. Ein Film, in dem der nackte Busen einer Frau zu sehen war, grenzte schon an Pornographie und weibliche Unterwäsche wurde in der Regel nicht draußen auf die Wäscheleine gehängt.

Genau in dieser Zeit waren nun die Ferienfreizeiten des Referats Behindertenarbeit. In der Arbeit mit Behinderten kommt gerade der Geschlechtlichkeit eine neue Bedeutung zu: Für Behinderte gab es wohl keine Schamhaftigkeit. Sie waren bei der Körperpflege, aber auch beim Toilettengang auf Hilfe angewiesen – und konnten nicht damit rechnen, dass diese Hilfe immer von einem Betreuer ihres Geschlechtes geleistet werden konnte; aufgrund des Betreuungsschlüssels auf unseren Freizeiten (und in den Einrichtungen bis heute) war und ist dies auch überhaupt nicht möglich. Also war hier ein neuer Umgang mit Sexualität und dem nackten Körper gefordert.

Aufgrund der Gleichbehandlung und auch weil's einfach praktischer war, wurde auf den Freizeiten die Geschlechtergrenze ziemlich aufgehoben; zum Beispiel wurde gemischt geschlafen und auch gemischt geduscht. Die Folge war nicht Schamlosigkeit und entgrenzte Sexualität, sondern ein natürliches und unverkrampftes Verhältnis zwischen den Geschlechtern. Außerdem wurde das Zusammenleben um ein Vielfaches einfacher und unproblematischer. Auch der gegenseitige Respekt und die Achtung vor der Intimität des anderen hatten ein neues Gewicht; denn selbstverständlich wurden Wünsche (zum Beispiel von einem Betreuer des eigenen Geschlechts geduscht zu werden, sich ungestört anzuziehen oder ähnliches) selbstverständlich respektiert. Aber jetzt wurden die Wünsche formuliert und ausgesprochen, und so bekamen sie eine ganz besondere Deutlichkeit.

Hier wäre als klares Beispiel eine etwa 17 jährige Behinderte zu erwähnen, die körperlich völlig normal entwickelt war, aber geistig auf dem Stand einer Fünfjährigen. Ich kann mich noch gut daran erinnern, wie die Problematik und der Umgang mit der Situation besprochen wurde, um sowohl den Betreuern, also auch ihr gerecht zu werden. Jahre zuvor wäre hier (aus Schamhaftigkeit) vermutlich eher geschwiegen worden, und man wäre so über die Problematik hinweggegangen, ohne ihr auf irgendeine Weise gerecht zu werden.

Es ging also nicht um Schamlosigkeit, sondern um Akzeptanz des Anderen und um gegenseitigen Respekt.

Rückblickend fällt mir auf, wie sehr sich dieses Konzept, vom weitverbreiteten Umgang mit Sexualität unterschied, der (nicht nur in der Kirche) von Missbrauch und sexuellen Übergriffen geprägt war. Und noch viel mehr von Vertuschung und Ignoranz.

Juli 2019

Das Studium 78-82

In Freiburg begann dann ein ganz neues Kapitel des Lebens.

Zuerst einmal fing es für mich mit einer gehörigen Portion Leichtfertigkeit – geradezu mit Leichtsinn an.
Ich kam an einem Freitag im Oktober mit einem Rucksack und wenig Geld in der Tasche in meiner neuen Heimat an. Am Montag (so meine ich) sollte das Studium beginnen. Ein Zimmer oder eine Unterkunft hatte ich nicht. Ich weiß nicht, wie ich (oder meine Eltern) sich das damals vorstellten, und von heute aus betrachtet, finde ich es wirklich unglaublich. Aber es war so – und letztendlich klappte es. Nach einer Übernachtung in einem Feld konnte ich am Samstag einen Bekannten aufsuchen, der zum Glück zu Hause war (denn angekündigt hatte ich mich nicht). Nach ein paar Telefonaten hatte ich dann tatsächlich ein Zimmer und sogar noch einen Job: In einem Clubheim (es war ein kleiner Fliegerverein, die einen Hausmeister und jemanden für die Kneipe suchten). Dort blieb ich ein Jahr.

Freiburg war damals (und ist bis heute) eine sehr junge Studentenstadt. Das hat natürlich erhebliche Auswirkungen auf den Immobilienmarkt: Wohnungen waren knapp und teuer (und sind es bis heute – das ist das Los fast aller Studenten, in fast allen deutschen Studentenstädten).

Die Studenten haben (glücklicherweise) einen Studienplatz und brauchen jetzt dringend eine Wohnung oder ein Zimmer. Die Miete wird durch den Markt bestimmt (Angebot und Nachfrage), und weil das Angebot begrenzt und die Nachfrage hoch ist, steigen die Mieten. Das war damals so und ist heute nicht anders. Die Studenten (beziehungsweise die Eltern, die oft dahinter stehen) zahlen – müssen zahlen – es bleibt ihnen ja nichts anderes übrig. Um das zu veranschaulichen mache ich euch ein Beispiel: ein Jahr später, also in meinem dritten Semester, wechselte ein Freund von einer bayrischen Hochschule nach Freiburg. Es ging ihm nicht anders wie mir – und wie mir damals geholfen wurde, stand ich jetzt meinem Freund bei.

Wir (das heißt die Oma – und ich) wohnten damals in einem baufälligen Altbau, deren Vermieter sich deutlich an der Grenze zum Mietwucher aufhielt (darauf hatte uns einmal ein Polizist hingewiesen). Wenn es regnete, mussten wir Eimer aufstellen und im Winter hatten wir Eisblumen am Fenster, weil wir uns Holz und Kohlen nicht leisten konnten (wir hatten dort Ofenheizung – keine Zentralheizung). Es war eine winzige Zweizimmerwohnung ohne Bad, aber mit eigener Toilette. Ja, ihr hört richtig: eine eigene Toilette war in diesem Haus nicht selbstverständlich; tatsächlich hatten die anderen Mieter eine Etagentoilette, das heißt, immer für zwei Wohnungen ein Klo. (Die anderen Wohnungen wurden übrigens nicht nach Wohneinheit oder Größe vermietet, sondern die Miethöhe orientierte sich an der Anzahl der Personen. Dadurch kann aus der Not der Menschen noch ungeheures Kapital geschlagen werden. Dies ist eine Praxis, die auch heute noch weit verbreitet ist, gerade in Bereichen, in denen billige ausländische Arbeiter nach Deutschland geholt werden.

Der Freund schlug also vorübergehend sein Lager in unserer Zwergenwohnung auf. Es dauerte zwei Monate, bis er endlich etwas gefunden hatte.
Dies war tatsächlich keine Ausnahme: Es gab Studenten, die auf einem Campingplatz unterkamen, es gab auch Notunterkünfte und die wohlhabenderen gingen ins Gasthaus oder eine Pension.

Ein Jahr später, zu Beginn des fünften Semesters, suchten wir uns dann eine neue Wohnung. Wir fanden tatsächlich eine bezahlbare, kleine Dreizimmerwohnung (ihr merkt den sozialen Aufstieg!), allerdings außerhalb. Inzwischen waren wir so mobil, dass uns das nichts ausmachte.
Die Mobilität in einer Studentenstadt ist etwas Besonderes: Damals war es so, dass Fahrradfahren als uncool galt; Kinder fuhren Rad, aber doch keine Erwachsenen und Jugendliche schon gar nicht. So dachten wir früher, oder wenigstens die, die keine Studentenstädte kennen. Denn in Freiburg war das anders. Alles fuhr Fahrrad. Selbst ein altes reparaturbedürftiges Rad, das man woanders auf den Müll geworfen hätte (noch dafür bezahlt, dass es geholt wird), konnte dort noch beträchtliche Summen erzielen. (Das ist bis heute so: vor einer Weile hat ein Freund hier in W. sein altes Rad wegwerfen wollen. Ich habe es

einem Freiburger Kollegen vermittelt, der es mitnahm und dort gut verkaufte.)

Dies führte schon damals – und nicht nur in Freiburg – zum Problem mit den Abstellplätzen. Damals gab es das Fahrrad in den Köpfen der Städteplaner nicht, das heißt, es gab wenig Radwege und keine Abstellplätze. Der Ärger war vorprogrammiert. Egal, wo ich mein Fahrrad abstelle, es gehört da definitiv nicht hin – weil es in der Planung nie vorgesehen wurde. Vor den Unis, in der Innenstadt, am Bahnhof, vor der Mensa ... überall dasselbe Bild: Massen von abgestellten Rädern. Das ist heute nur wenig anders, allerdings beginnt man inzwischen den Fahrradverkehr in die Verkehrskonzepte einzubeziehen.

Dazu gehört neben dem fließenden Verkehr (Straße, Radweg, Gehweg) auch der ruhende Verkehr (Parkplätze – auch für Räder).

Das Studentenleben hat einen ganz eigenen Rhythmus. Morgens wird spät aufgestanden (einmal hatten wir am Montag um 9:00 Uhr Vorlesung – das wurde allgemein als Frechheit und reine Schikane wahrgenommen!) aber dafür geht's abends recht lange. Seminare konnten durchaus bis 21:00 Uhr oder länger gehen. Viele Studenten sind Nachtarbeiter, das heißt, sie lernen nachts alleine oder in Gruppen. Das zeigt sich auch an den Öffnungszeiten der Universitätsbibliothek (da komme ich noch mal drauf): Sie ist täglich geöffnet – auch Wochenende – bis 24:00 Uhr geöffnet.

Außerdem müssen die meisten Studenten noch nebenher arbeiten, denn die Lebenshaltungskosten sind hoch: überteuerte Mieten, Studiengebühren, auch Bücher etc.

Ein beliebter Job war Taxifahrer. Da konnte man relativ frei seine Arbeitszeiten wählen und die Wartezeit noch sinnvoll mit Fachliteratur füllen. Auch ich war nach meinem Jahr als Vereinskneipier eine Zeitlang so manche Nacht im Taxi unterwegs. Der Lohn war erbärmlich, aber durch die freie Zeitgestaltung doch attraktiv für Studierende.

Dies alles wirkte sich auf den Tagesablauf aus. Das „Leben" fand zu einem großen Teil nachts statt; ging man abends um neun in eine Kneipe, war sie leer, um zehn begann sie sich dann zu füllen, um elf gab's keinen Sitzplatz mehr und um zwölf auch kaum noch Platz zum Stehen.

Allerdings gab's auch tagsüber Zeit zum Entspannen. Das Studentenleben hat ja einen ganz eigenen Herzschlag; so waren wir bei schönem Wetter gerne an einem der Baggerseen (oftmals mit Studienmaterialien) zum Nacktbaden. Das war damals absolut angesagt und weitgehend üblich und geduldet. Man musste nur etwas Rücksicht auf die anderen Badegäste nehmen (was an einem See problemlos möglich ist). Aber auch hier war das Studium irgendwie im Kopf. Dabei ging es häufig weniger um den Abschluss, sondern den Inhalt. Wir hatte ja ein Fach gewählt, weil es uns interessierte und da knieten wir uns dann auch rein.

Zuerst einmal trat die große Politik etwas in den Hintergrund und die Lokalpolitik gewann an Bedeutung. Ich kann mich an die Oberbürgermeisterwahl erinnern, zu der wir massenhaft unseren ersten Wohnsitz nach Freiburg verlegten, um dort wahlberechtigt zu sein. Auf diese Weise wurde dann tatsächlich ein CDU-Bürgermeister verhindert und später (2002) der erste grüne Oberbürgermeister einer deutschen Großstadt ermöglicht.

Auch das Wohnen änderte sich. Aus der Not – der Wohnraumknappheit – wurde eine Tugend: die Wohngemeinschaft oder WG. Heute ist diese Wohnform weit verbreitet und gesellschaftlich akzeptiert. Damals, im Zusammenhang mit den Studentenunruhen der 70er, war es eher verdächtig: man vermutete zügellose Sexualität und extremistische Umtriebe. In Wirklichkeit ist diese Wohnform aus der Not geboren – und hat sich bewährt.

Doch bald witterten die Immobilienbesitzer auch hier ein Geschäftsmodell: es wurde nicht mehr die komplette Wohnung an eine WG vermietet, sondern einzelne Zimmer an die Bewohner der WG. Das macht zwei erhebliche Unterschiede: Die WG-Bewohner können sich nicht mehr die passenden Leute aussuchen, sondern müssen den Neumieter akzeptieren, und der Vermieter macht erheblich höhere Gewinne.

Das Studium selbst wirft auf bisheriges Lernen ein völlig neues Licht.

Es gab keine Hausaufgaben mehr; in den meisten Veranstaltungen war nicht einmal Anwesenheitspflicht, das heißt, man kam oder ging, wie es gerade passte (oder ging erst gar nicht hin). Der Lernstoff wurde allerdings in der Klausur oder der Hausarbeit selbstverständlich vorausgesetzt. Einmal habe ich tatsächlich ein Seminar mit einer 1,0 in einer Hausarbeit abgeschlossen, das ich nur einmal besuchte – und auch da unter lautem Protest und Türe schlagend den Saal vorzeitig verlassen hatte. Einzig in den Seminaren ohne Prüfung war Anwesenheitspflicht.

Normalerweise ging man aber in die erste oder zweite Vorlesung; da wurden dann die Literaturlisten bekannt gegeben (also die Bücher, die als gelesen voraus gesetzt wurden) und man konnte sich den Prof anschauen.

Die meisten Dozenten haben in ihrer Vorlesung genau das gemacht: aus ihrer Doktorarbeit oder Habilitationsschrift vorgelesen. Aber es gab auch andere, die Diskussion und Gespräch zuließen. In Seminaren lief es etwas anders: hier sollte eigentlich eher erarbeitet und diskutiert werden, aber da die Dozenten in der Regel beides machten (Vorlesungen und Seminare) war der Unterschied nicht immer so klar.

Den Vorlesungsplan mussten wir uns damals (in gewissen Grenzen) selbst erarbeiten. Zu Beginn des Studiums oder nach dem Grundstudium musste die Richtung festgelegt werden und die Pflicht- und Wahlpflichtveranstaltungen eingeplant und belegt werden. Wer hier Fehler machte, hatte einfach Pech. Es konnte sein, dass es nicht zur Prüfung zugelassen wurde, weil „Scheine" fehlten. Meine „Scheine" (für jedes absolvierte Studienelement gab es entweder einen Leistungsnachweis oder eine Teilnahmebescheinigung – einen Sitzschein) habe ich bis heute noch und erinnere mich mit Grauen an die permanente Jagd nach Scheinen. Teilweise wurden dann Veranstaltungen nicht nach Interesse, Brauchbarkeit oder Qualität ausgewählt sondern nur, weil man da leicht zu einem Schein kam. Dadurch wird die Bedeutung des Studiums doch sehr in Frage gestellt.

Sicher wird jetzt auch langsam klar, worin das Studium besteht. Zu manchen Zeiten habe ich mehr Zeit zu Hause am Schreibtisch oder in der Universitätsbibliothek (UB) verbracht als in der Vorlesung.

Die UB ist für Studenten ein unverzichtbarer Bestandteil: Es gibt Massen an Büchern und was nicht da ist, wird von einer anderen Uni bestellt. Das war dann die Grundlage unseres Selbststudiums; wir sollten uns ja Dinge erarbeiten, uns mit wissenschaftlichen Frage kritisch auseinandersetzen, um irgendwann in einer Hausarbeit einen eigenen Standpunkt zum Thema abgeben zu können und natürlich stichhaltig zu begründen. Internetrecherche gab es nicht, also mussten wir wohl oder übel den Autor ausfindig machen, dessen Meinung für uns wichtig sein könnte, dann den Büchertitel und das Buch, um es zu lesen und die für die spezielle Frage interessanten Stellen herauszuschreiben (oder auch mal zu kopieren; das war aber teuer).

Dieses wissenschaftliche Arbeiten war neu für uns und die allermeisten waren darauf nicht vorbereitet. Dass diese Erwartungen einer eigenen kritischen Sichtweise mit der Art vieler Vorlesungen und Klausuren kollidieren, spürten wir allzu deutlich.

Als Studenten wurden von uns Hausarbeiten erwartet (mehrere Duzend Seiten, Maschine geschrieben, umfangreiches Literaturverzeichnis und einiges mehr). Wir saßen also viele Stunden über Büchern, machten Notizen, entwickelten Thesen, die mit Kommilitonen diskutiert wurden, änderten die Thesen oder verwarfen sie ganz und begannen von Neuem. Etwas einfach zu übernehmen (wie es bisher in der Schule erwartet wurde), ging überhaupt nicht. Wenn man doch einen Gedanken übernahm, musste man zumindest triftige Gründe angeben, warum man das tut (und möglichst noch drei namhafte Wissenschaftler, die dies auch taten).

Klingt jetzt kompliziert, man wächst aber rein und es macht auch Spaß.

Natürlich änderte sich auch die Kommunikation. Selbstverständlich hatten nur die wenigsten von uns ein eigenes Telefon (Festanschluss mit Schnur und Wählscheibe); Handys gab's ja noch nicht. Wir mussten uns also tatsächlich verabreden, wenn wir etwas gemeinsam unternehmen wollten. Klingt heute komisch, ging aber auch.

Dasselbe galt natürlich für soziale Netzwerke und Plattformen, die heute für beinahe jedes beliebige Thema ein Forum im Internet bieten; damals gab's kein Internet, also behalf man sich anders: mit Wandzeitungen. Das waren riesige Wände an verschiedenen Stellen der Stadt, die vollgeklebt waren mit verschiedensten Informationen, Plakaten, Anzeigen, Gesuchen, Angeboten und natürlich immer wieder politischen Statements, Aufrufen, Ankündigungen von Demos, Protesten, Solidaritätsaktionen für dies und das, Streiks, etc. Es wurde über Gruppen und Gruppentreffen informiert, über politische und soziale Interessenvertretungen und vieles mehr. Dort fand man alles und es war ganz gut (und auch meist üblich), mehrmals die Woche einen Blick darauf zu werfen. Hin und wieder wurde alles abgenommen (zum Teil auch einfach abgefackelt), um dann von neuem beklebt zu werden. Die

Wände waren absolut chaotisch, aber unverzichtbar und letztlich oft hilfreich. Ich kann mich erinnern, dass an unserer Schule (so nannten wir die Fachhochschule – FHS) mehrmals das „Politmäuerle" neu geordnet werden sollte. Es wurde viel gesprochen, diskutiert - passiert ist nichts. Das Politmäuerle war chaotisch und verwirrend, aber letztlich liebten wir es, weil es eben gerade so war.

✪

Ich denke, das Studentenleben habe ich nun so geschildert, dass ihr es euch vorstellen könnt. Dann würde ich jetzt zur Studentenpolitik kommen.
Die Politik war für uns wichtig; zuerst waren wir natürlich genug mit uns selbst beschäftigt, aber Studentenpolitik betraf ja uns auch und zwar unmittelbar.

Der ASTA (Allgemeiner Studierendenausschuss) war ein wichtiges Gremium und auch die Vertretung, die uns unmittelbar als Studenten betraf.
Für die Wahl kandidierten in der Regel verschiedene Gruppen, die sich in Ihrer unmittelbaren politischen Ausrichtung unterschieden. An alle Gruppierungen kann ich mich nicht mehr erinnern, aber ich denke, die wichtigsten bekomme ich zusammen: Da gab es zuerst einmal den RCDS – die Studentenorganistion der CDU, genauso gab es von den anderen Parteien Studentenorganisationen, die aber nur eine geringere Rolle spielten. Das Hauptgewicht lag auf den linken Gruppierungen, und da gab's ein ganze Menge: der MSB-Spartakus – Marxistischer Studentenbund – orientierte sich stark an der DKP; daneben

gab es noch marxistisch-leninistische Gruppen, maoistische und sozialistische Gruppierungen (deren genaue Bezeichnungen mir entfallen sind). Wichtig sind tatsächlich nur noch die verschiedenen „Spontigruppen", zum Beispiel die Bullis (Basisdemokratische undogmatische linke Liste). Das war die Gruppe, die bei uns besonders stark war (und für die ich auch eine Periode im ASTA vertreten war. Die Bullis waren eine reine Sponti-Liste, davon gab es damals viele. Es waren Zusammenschlüsse von Studenten, die sich unter einem bestimmten Programm (manchmal auch nur einem ganz kleinen gemeinsamen Nenner) zusammengeschlossen hatten. Wir wollten linke Politik machen, waren aber nicht mit dem real existierenden Sozialismus, der vom MSB propagiert wurde, einverstanden. Das politische Mandat war das Hauptthema. Das bedeutet, dass wir das Recht haben, uns zu politischen Fragen zu äußern, Stellung zu nehmen oder uns auf irgendeine Weise einzubringen. Dies bedeutete eine ständige Auseinandersetzung mit der Hochschulleitung, die die Politik grundsätzlich und linke Politik im Besonderen draußen haben wollte. Ehrlich gesagt - mir und den meisten anderen war es ziemlich wurscht. Wir wollten uns aber nicht den Mund verbieten lassen und sahen es als unser Recht an, für unsere Interessen (und dazu gehört eben auch die politische Situation) einzutreten. Schließlich sollten wir ja auch im Studium eine eigene Meinung entwickeln, warum dann nicht auch in anderen Bereichen.

Letztlich war es ein Streit um des Kaisers Bart und ging aus wie das Hornberger Schießen.

Ich kam mehr und mehr auch mit anderen Themen in Berührung. Da war zum Beispiel die Atompolitik; das AKW Wyhl wurde eben erst (1977) durch Massenproteste gekippt und die Stimmung war aufgeheizt und der Katastrophenreaktor Fessenheim liegt nur wenige Kilometer von Freiburg entfernt. Dort gab es damals und bis heute zahllose Störfälle. Seit dieser Zeit wurde tatsächlich in regelmäßigen Abständen die Schießung des AKWs angekündigt. Offensichtlich spürte auch die Politik (die Öffentlichkeit auf jeden Fall) die Notwendigkeit und den Handlungsdruck. Aber die Atomindustrie mit ihrer Lobby scheint offensichtlich stärker zu sein. Nun ist wieder mal ein Termin zur Schließung des AKWs im Gespräch. Die beiden Reaktoren sollen 2020 beziehungsweise 2022 heruntergefahren werden. Der Rückbau wird dann weitere 20 Jahre dauern. Allerdings muss ich an dieser Stelle erwähnen, dass Frankreich (sowohl Bevölkerung als auch Politik) wesentlich unkomplizierter (oder leichtsinniger) mit Atomkraft umgeht.

Umweltschutz spielte damals auch schon eine Rolle – aus heutiger Sicht muss ich aber sagen, dass wir total versagt hatten. Aber wir haben wenigstens etwas versucht; die Politik und die Industrie wollten nur höhere Schornsteine, die den Dreck zum Nachbarn blasen und zugedeckelte Bachläufe, damit die stinkende Brühe ungestört ins Meer laufen kann. Denn da stört's nicht mehr. Das war die „Umweltpolitik" der 70er.

Ein weiteres politisches Thema war die Entwicklungshilfe. Die Ausbeutung der Entwicklungsländer, zum Beispiel durch den lukrativen Rohstoffhandel, war offenkundig (und ist es bis heute). Insofern ist es klar, warum die Menschen dahin drängen, wo ihr Reichtum und ihre Rohstoffe hinfließen – nach Europa. Schon damals haben wir davor gewarnt, was heute längst Alltag geworden ist: die Massenflucht hungernder Menschen aus verarmten Regionen oder zerrütteten Krisen- und Kriegsgebieten. Ich kann mich an eine Warnung aus der Zeit erinnern: „Wenn ihr so weiter macht, werdet ihr eine Mauer um Europa bauen müssen." Warum wundert es mich nicht, dass genau das heute die Politik in Italien, in Ungarn und, in abgeschwächter Form, in der gesamten EU ist.

Ein Thema stand bei uns an alleroberster Stelle: Wohnungsnot in jeder Beziehung.
In Freiburg – wie in jeder Studentenstadt – war Wohnraumknappheit und überteuerte Mieten ein ständiges Thema und ist es bis heute.
Tatsächlich gab es Wohnraum, zum Beispiel Luxuswohnungen und teure Apartments; die waren aber für Studenten viel zu teuer und Studenten kamen in der Regel als Mieter überhaupt nicht in Frage. Denn Studenten in einer luxuriösen Wohnanlage wirken sich negativ auf den Wert der Immobilie aus.
Deshalb waren Altbauwohnungen in Studentenkreisen besonders gefragt. Sie bestehen meist aus einer großen Küche und mehreren etwa gleichgroßen Zimmern. Das

war für Wohngemeinschaften ideal. Dies gilt auch für die Lage; die Altstadthäuser hatten eine günstige zentrale Lage. Häufig waren auch Läden oder Kneipen dabei, die einen idealen Treffpunkt oder eine zentrale Anlaufstelle darstellten mit günstigen Mieten, denn in der Regel wurde in diese Gebäude nicht mehr investiert; es war geplant, sie verfallen oder „kaputt wohnen" zu lassen oder es wurde auch mal bewusst zerstört, das heißt, der Besitzer, beziehungsweise die Handlanger, wurden selbst aktiv, um die „Unbewohnbarkeit" zu beweisen. So gab es Gründe, diese Gebäude abzureißen und neue, teure Luxuswohnungen zu errichten. Aber die Baufälligkeit war für Studenten kein Thema. Meist waren sie mit wenig zufrieden oder waren bereit, sich die Sachen entsprechend zu richten.

Gemeint sind nicht die Besitzer eines Hauses oder von ein, zwei Wohnungen. Investoren kauften ganze Häuserzeilen oder größere Gebäudekomplexe auf, um alles komplett neu zu gestalten und so ein Wohnungsklima zu schaffen, wo sich der reiche Mieter oder Käufer wohlfühlen konnte, weil er unter seinesgleichen war.

Die studentische Bevölkerung griff zur Selbsthilfe: die Häuser wurden einfach besetzt. Das hatte verschiedene Vorteile. Erstmal wurde dringend benötigter Wohnraum geschaffen; außerdem entwickelten sich hier soziale und kulturelle Treffpunkte; die Häuser konnten in der Zeit, in der Menschen drin waren, nicht abgerissen werden; und es wurde bewiesen, dass die Gebäude sehr wohl noch bewohnbar waren. Man nannte das „instand besetzen".

Teilweise konnten daraufhin sogar reguläre Mietverträge abgeschlossen werden.

Zwei dieser Objekte waren besonders „umkämpft": das Dreisameck und der Schwarzwaldhof und „umkämpft" stimmt in jeder Beziehung.

Beide Objekte waren günstiger studentischer Wohnraum und Orte des sozialen Lebens, aber eben durch ihre zentrale Lage auch begehrte Spekulationsobjekte. Sie sollten abgerissen, beziehungsweise saniert werden. Dadurch wären die bezahlbaren Wohnungen verloren und die kulturelle Funktion hinfällig gewesen.

Es kam, wie es kommen musste: Es sollte geräumt werden und im Gegenzug wurden die Gebäude besetzt.

Allerdings entwickelte sich hier eine intensive Auseinandersetzung (die mehr war als ein lokales Scharmützel; es begann ein Kampf zwischen Staat und Kapital auf der einen Seite und Teilen der Bevölkerung (durchaus nicht nur Studenten und Jugendliche) auf der anderen. Dies ging dann als „Freiburger Häuserkampf" in die Geschichte ein. Es wurde in diesem Zusammenhang auch von bürgerkriegsähnlichen Zuständen gesprochen.

Zuerst waren es nur Demonstrationen. Als dann die Räumung und die Abrissbagger drohten, kam es zu massiveren Protesten. Das Gebiet wurde mit „Natodraht" abgesperrt (ein besonders ekelhafter Stacheldraht mit Rasierklingen statt Drahtstacheln), und Polizei rückte an, um das Gebäude zu „schützen". Ich muss heute noch darüber lachen, denn schützen wollten ja wir es und zwar vor dem Abriss.

Es war ein langes Tauziehen. Irgendwie schafften es immer wieder einige Aktivisten in die Häuser, es folgten neue Räumungen, verstärkter Polizeieinsatz, noch mehr Stacheldraht und immer wieder wilde, das heißt unangemeldete, Demonstrationen.

Es wurde eine Telefonkette eingerichtet, um im Falle einer neuen Räumung eine möglichst große Öffentlichkeit zu mobilisieren. Wenn es schon passierte (und davon gingen wohl die meisten aus), sollte es nicht klammheimlich sein, sondern alle sollten es mitbekommen.

In dieser Zeit war um diese Gebäudekomplexe praktisch rund um die Uhr Polizei im Einsatz und auf der anderen Seite Demonstranten. War man in der Stadt unterwegs, machten viele einen kleinen Abstecher an die abgesperrten Gebiete. Man sprach mit den Leuten und diskutierte mit den Polizisten. Die waren übrigens durchaus nicht alle einverstanden mit dem, was da geschah.

Zum „Gebäudeschutz" wurden häufig junge Beamte eingesetzt; später wurde wegen des hohen Bedarfs an Einsatzkräften Bereitschaftspolizei aus ganz Baden-Württemberg zusammengezogen. Teilweise waren mehrere Hundertschaften im Freiburger Umland stationiert. Das bedeutete für die Beamten Überstunden und schlechte Unterbringung und damit war es mit eventuellem Wohlwollen natürlich vorbei. In der Szene wurde vermutet, dass dieses Vorgehen Absicht war und Methode hatte.

Die Stadt glich teilweise beinahe einem Kriegsgebiet und die Taktik eher einem Guerillakampf.

Die Polizei stand uns in kompletter Kampfmontur gegenüber: Kampfanzug, Helm, Schild, Schlagstock und bewaffnet (allerdings kam meines Wissens nie eine Schusswaffe zum Einsatz). Sie hatte gepanzerte Fahrzeuge und Wasserwerfer in den Innenhöfen in Bereitschaft. Damit wurde nicht nur Angst erzeugt, die Wasserwerfer kamen tatsächlich zum Einsatz. Auch an Tränengas kann ich mich erinnern, habe es aber selbst nicht erlebt.

Die Demos liefen oft nach dem gleichen Muster ab: Zuerst passierte nichts; dann rückten die Einsatzkräfte langsam vor und begannen mit den Schlagstöcken auf ihre Schilder zu schlagen. Alleine das ist schon sehr beängstigend. Dann plötzlich, ohne Vorwarnung, preschte die Truppe vorwärts (50 oder 100 oder noch mehr Polizisten in mehreren Reihen) und es hieß Hände über den Kopf (um wenigstens den zu schützen und rennen was das Zeug hält. Es wurde wahllos draufgeschlagen – überall wo's weh tut – auf den Kopf, den Nacken, besonders gerne in die Nierengegend oder den Unterleib. Es gab bei diesen Aktionen unzählige Verletzte unter den Demonstranten (und auch zufällige Passanten bekamen durchaus ihren Teil ab). In den Medien war dann nur die Rede von den verletzten Beamten.

Es gab tatsächlich auch einen Todesfall: Ich weiß nicht genau, wie und was passiert ist; aber was ich weiß (und recherchieren konnte), will ich berichten. Ein Student wollte wohl ein Zeichen mit Blumen setzen und fuhr mit seinem VW-Bus an den Natodraht, um die Pflanzen dort abzulegen. Der Draht verfing sich in der Stoßstange des Wagens und wurde mitgeschleppt. Dabei verletzte sich eine Studentin tödlich. Manche behaupten auch, das mit der symbolischen Handlung sei Quatsch und er wollte den Draht mit dem Bus wegschleppen – auch das ist möglich, ich weiß es nicht. Auf jeden Fall starb ein Mensch.

Häuser sollten zerstört werden und dies für Luxuswohnungen. Wir waren wütend und fühlten uns völlig machtlos, denn die Wohnungsnot hatten wir ja am eigenem Leib zu spüren bekommen und auch wir hatten zwei Monate einem wohnungssuchenden Kommilitonen Unterkunft gegeben.

Irgendwann kam natürlich die alte Angst vor der Überwachung (und einem eventuellen Berufsverbot) wieder hoch. Viele hatten auf den zahllosen Unterschriftenlisten Namen und Adressen angegeben und waren so angreifbar. Und natürlich war uns bewusst, dass der Eigentümer formal im Recht war und man aus den Besetzern eine kriminelle Vereinigung machen wollte (siehe „Anhang Schwarzwaldhof".

Es waren sehr wichtige Erfahrungen. Sie führten uns deutlich vor Augen, dass mein Recht und meine Freiheit an Recht und Freiheit des Anderen grenzen. Auch die Zerbrechlichkeit des Rechtsstaats und die Gefahr von einseitiger Politik wurden uns vor Augen geführt. Es wurde intensiv diskutiert, wie weit ziviler Ungehorsam gehen darf, ob und wie er moralisch gerechtfertigt ist und wie die parlamentarische Demokratie dazu steht.
Eine Kernauseinandersetzung in der Szene war die Frage der politischen Arbeit. Sollte man Kompromisse schließen, um sich in das Parteiensystem einzufügen, eine eigene Partei gründen, „Fundamentalopposition", Außerparlamentarische Opposition (APO) oder vielleicht doch

zuerst mal abwarten. Und bei all dem war in Deutschland die RAF nach wie vor aktiv.

Eine kleine Gruppe hatte sich wohl für einen Weg entschieden: Im September 1979 wurde der erste Landesverband einer neuen Partei „die Grünen" in Freiburg gegründet. Sie setzte sich zusammen aus Aktivisten der Anti-Atomkraft- und Umweltbewegung, den Neuen Sozialen Bewegungen, der Friedensbewegung und der Neuen Linken der 1970er Jahre. In den folgenden Jahren sollte sich zeigen, ob dieser Weg Bestand haben oder scheitern würde. Damals war das alles andere als klar. Viele gingen davon aus, dass dies ein weiterer sinnloser Versuch sei, auf das „System" Einfluss zu nehmen, und die großen Parteien nahmen diesen Versuch der politischen Arbeit alles andere als ernst.

Hier wäre als wichtiges Detail anzumerken, dass von Winfried Kretschmann, heute Ministerpräsident von Baden Württemberg, damals ein Interview im Fernsehen ausgestrahlt wurde. Er war damals einer der jungen Gründer der Grünen. Auf die Frage nach den Zielen der neuen Partei, meinte er, Regierungsverantwortung gehöre auch dazu – und dass er sich vorstellen könne, einmal Ministerpräsident zu sein.
Damals wurde er verlacht und in dem von der CDU alleine regierten Land nicht ernst genommen. 1981 zogen sie tatsächlich in den Landtag ein, und heute plant er seine dritte Amtszeit

Die Umweltproblematik war damals in den Köpfen der Bevölkerung noch nicht angekommen. In der Wissenschaft sah es anders aus! Allerdings hatten wir die Probleme bereits deutlich zu spüren bekommen – haben es aber ignoriert. Zum Mindesten hätte man es wissen können, denn die sich ankündigenden Katastrophen waren durchaus bekannt. Wir waren wohl noch zu sehr von den damaligen Phantasien beherrscht, dass alles machbar oder zumindest reparierbar sei.

1980 wurde der Umweltbericht „Global 2000" in den USA veröffentlicht (von US-Präsidenten Jimmy Carter in Auftrag gegeben!!!), im selben Jahr erschien er in Deutsch. Er warnt (unter anderem) ausdrücklich vor Bevölkerungsexplosion und Klimaveränderung. Der Vorläufer „Grenzen des Wachstums" von einer Gruppe Wissenschaftler („Club of Rome") erregte in seinem Erscheinungsjahr 1972 ebenfalls schon Aufsehen, war aber deutlich weniger breit aufgestellt. Der „Club of Rome" als Zusammenschluss verschiedener Wissenschaftler aus unterschiedlichen Disziplinen existiert übrigens bis heute.

Beide Berichte waren in Fachkreisen bekannt und auch anerkannt, weniger in der breiten Masse. Sie sind bis heute Meilensteine der Umweltliteratur und kündigten bereits vor 40 – 50 Jahren die Probleme an, von denen viele heute „überrascht" werden. Und es ist kaum zu glauben: Bis heute gibt es Politiker, die diese Fakten bestreiten und in ihrem Allmachtswahn für die kommenden Generationen Umweltkatastrophen riskieren.

In dieser Zeit entstand ein weiteres wichtiges Element unserer heutigen Gesellschaft: die TAZ. Die TAZ ist eine kleine, kritische, linke Tageszeitung aus Berlin und hat heute durchaus eine wichtige Position in der Medienlandschaft. Damals war die TAZ die einzige Tageszeitung der Welt, die nur einmal in der Woche erschien (und mit einem Tag Verspätung ausgeliefert wurde) so wurde gespottet. Legendär waren die Kommentare in den Artikeln, die von Seiten der Druckerei beigesteuert wurden. Es waren witzige, aber auch kritische Bemerkungen, die in der Regel mit [der Setzer] gekennzeichnet waren.

Aber letztlich hat sie durchgehalten und sich ihren Platz erarbeitet.

Allerdings muss ich jetzt an dieser Stelle ganz klar betonen, dass diese Themen mich zwar irgendwie betrafen und mit mir zu tun hatten (und noch haben) – aber eben nur irgendwie. Es war ein Teil des Lebens – aber nur ein kleiner Teil.

Direkten Einfluss hatten diese Geschehnisse dadurch, dass sie das Gespenst von Überwachung, Berufsverbot und auch der Verweigerung der „Missio" (der Lehrerlaubnis für katholische Religionslehrer) befeuerten. Die Ängste und Befürchtungen standen noch immer drohend im Raum.

Für die meisten Studenten stand der zukünftige Beruf, die Chancen, die er bringen würde (auch für die politische

und gesellschaftliche Arbeit) und der persönliche Werdegang im Vordergrund.

Das Studium setzte sich im Grunde aus drei Bestandteilen
zusammen: Da war der allgemeinpädagogische Teil mit
Soziologie, Psychologie, Pädagogik etc.; der methodische
Teil mit Didaktik, Methodik, Medienpädagogik etc.; und
schließlich der theologische Teil.
Und das Privatleben kam sicher auch nicht zu kurz, haben
doch Studenten sehr lange Semesterferien, die nicht nur
zum Arbeiten genutzt wurden.

Religionspädagogen sind traditionell eher angepasste Typen, teilweise das, was ich heute „superkatholisch" nennen würde. Diesen Ruf hatten wir natürlich auch bei uns
auf dem Campus. Von uns wurde erwartet, dass wir zukünftig die „Botschaft des Herrn" in den Schulen verkün-
den und den Kirchen helfen, ihre Schäflein zusammenzu-
halten.
Ich denke, diese Zeit war auch damals schon etwas vorbei,
aber so ist es immer: hat man mal den Ruf, wird man ihn
schwer wieder los.
Gerade bei uns im Kurs war dies immer wieder ein Thema.
Laut diskutiert wurde es aber nicht, denn die Stellung zur
Kirche und der Gehorsam ihr gegenüber war durchaus unterschiedlich ausgeprägt.
So gab es immer wieder Dispute, gerade im Zusammenhang mit dem Erzbischöflichen Ordinariat, das für uns zuständig war und später auch unser Arbeitgeber werden
sollte. Hier spürt Ihr vielleicht schon, dass sich da durchaus Konfliktpotential aufbauen kann.

Wenn man Religionspädagogik oder Theologie studiert, gibt es eigentlich nur zwei Alternativen: entweder man arrangiert sich (irgendwie) oder man wendet sich ab. Dazwischen gibt's eigentlich nichts. Als Religionslehrer ist man beinahe zu 100 % mit der Kirche verbunden: Kirche als Arbeitgeber, als der Institution, die die Missio erteilt, als Fachaufsicht und Organisator, zum Beispiel von Fortbildungen etc.

Ein Religionspädagoge hat zwangsweise durch sein Studium einen umfassenden Einblick in die Strukturen der Mutter Kirche und ihrer Entstehung. Es geht hier um Kirchengeschichte, Kirchenrecht, Exegese (Auslegung und Interpretation von biblischen Texten) und vieles mehr, wo wir immer wieder auf Unregelmäßigkeiten oder Unstimmigkeiten stießen (um es vorsichtig zu formulieren).

Es war also eine Auseinandersetzung mit dieser mächtigen und großen Institution, an deren Ende eine Entscheidung stehen musste: Kann ich das mittragen oder nicht? Dazwischen gibt's nichts, als Religionslehrer werde ich uneingeschränkt mit der Kirche identifiziert und habe sie auch zu vertreten.

Um es gleich vorauszuschicken: Ich habe mich dafür entschieden – auch wenn es nicht immer leicht war. Heute ist meine Devise: „Ich ertrage die Kirche, solange sie mich erträgt!" Und seitdem geht's mir besser. Aber ich denke, davon kommt später noch mehr.

Jetzt war ich im Studium und erst am Anfang dieses komplexen Prozesses. Um dies zu veranschaulichen, werde ich ein wenig von den Hintergründen berichten.

Zu Beginn des Studiums wurden wir Studenten mit klaren Versprechungen gelockt. Es wurde von unseren Berufsaussichten und Zukunftschancen gesprochen und eine goldene Zukunft gezeichnet (mich betraf das tatsächlich weniger, da meine Motivation für das Studium auf einer völlig anderen Ebene lag). Es wurde eine hundertprozentige Einstellung in den Schuldienst versichert, mit der Möglichkeit, in den Staatsdienst übernommen zu werden (wobei die Fachaufsicht durch die Kirche und so manches andere auch für diese Lehrer gilt).

Uns wurde ein Platz in der Schule versprochen, den es tatsächlich so nicht gibt. Denn die Kirche bildete bereits Religionslehrer aus (und in geringerem Maße der Staat) und sie deckten so das komplette Spektrum bereits ab. Allerdings reichten die Absolventen zahlenmäßig nicht aus und es wurde mit Religionspädagogen „aufgefüllt"; wir waren also lediglich Lückenfüller und nur im Augenblick nützlich. Das Berufsbild des Religionspädagogen in der Berufsschule gibt es nicht und hat so nie existiert.

Dies wurde uns damals langsam klar, deshalb bemühten sich viele um ein zweites Fach um ihre Qualifikation zu erhöhen und aus der Sackgasse, in die man uns steckte, herauszukommen. Nach vorsichtigen anfänglichen Hoffnungen, die man uns machte, wurden wir auch hier enttäuscht.

Ein Teil meiner Kommilitonen schlug einen anderen Weg ein. Sie bemühten sich aktiv um die Möglichkeit, in der Kirchengemeinde eingesetzt werden zu können. Aber auch hier war es nicht anders: Es gab bereits Pastoralassistenten (Theologen) oder Gemeindereferenten (Katecheten). Für Religionspädagogen war auch da kein Platz.

In unserem Studienjahrgang änderte die Kirche tatsächlich ihre Strategie: Wenn es bisher hieß, wir müssen in die Schule und dürfen nicht (oder nur in Ausnahmefällen) in die Gemeinde – hieß es nach uns, wir müssen (mindestens zu einem Teil) in die Gemeinde.
Soviel zum Thema Verlässlichkeit.

Eine komische Note erhält dies noch dadurch, dass wir eigentlich ordentlich ausgebildet waren. In der Regel gelten Religionspädagogen methodisch den Theologen deutlich überlegen und auch fachtheoretisch mussten wir uns nicht verstecken.
Aber wir waren an die Kirche gebunden (oder mussten – wie gesagt – die Verbindung endgültig lösen); denn es gibt in diesem Beruf kaum eine andere Möglichkeit, eine Arbeit zu finden als die Kirche.

Diese Macht spürten wir immer wieder, und die Kirche ließ uns ihre Macht spüren.
So hatten Gewerkschaften in bestimmten kirchlichen Häusern Hausverbot und konnten so ihrer Informations- und Aufklärungsarbeit nicht nachkommen. Studentenpolitik und ASTA waren ein rotes Tuch, eine Wohngemeinschaft war bereits recht gefährlich, ein Zusammenleben ohne Trauschein konnte die Einstellung gefährden und eine religionsverschiedene Ehe, zum Beispiel mit einem Moslem, war ein k.o.-Kriterium. Selbst eine konfessionsverschiedene Ehe war bereits kritisch: Das Ehepaar musste sich verpflichten, die Kinder römisch-katholisch zu erziehen und katholisch zu heiraten. Allerdings war unsere Ausbildung zu gut, als dass wir nicht einen Ausweg

im Kirchenrecht gefunden hätten. Man hatte uns die Sprache der Kirche gelehrt –und wir hatten sie verstanden.

Zu Beginn der Berufstätigkeit und während des Studiums wurde ich immer wieder mit dem Gefühl der Machtlosigkeit konfrontiert. Dies kann sehr schmerzhaft und verletzend sein, ist es doch genau diese Kirche, der ich meine Arbeitskraft in den nachfolgenden Jahrzehnten zur Verfügung stellen würde, dies auch tat und mich ihr im Grunde ganz auslieferte. Denn Lehrer wird man selten wegen der vielen Ferien, und Religionslehrer sind von Haus aus reine „Überzeugungstäter".

Das ist wohl auch der Grund dafür, dass Spiritualität und neue Formen der Religiosität eine wichtige Rolle spielten. Denn für uns war Religion deutlich mehr als Kirche (ist es heute noch) und Berührungsängste hatten wir keine. Indien wurde zu einem magischen Ort, wo viele Menschen ihre Sehnsüchte zu erfüllen hofften. Ich selbst war davon weniger betroffen, aber in meiner Umgebung gab es zahllose Beispiele dafür, wie diese Kultur nach Europa kam. Auswirkungen dafür sind bis heute zu erkennen: Yoga, Chi gong, aber auch Mode und anderes.
Diese Neugierde bezog sich nicht nur auf Indien, sondern grundsätzlich auf fremde Kulturen. Wir wollten ja Neues lernen – und das Europäische kannten wir ja schon.

Auf diese Weise kam die Problematik von Flucht und Unterentwicklung in unser Blickfeld. Die Ursachen für die Not vieler Länder der südlichen Halbkugel waren schnell geklärt und diese Erklärung gilt bis heute: Die heutigen Entwicklungsländer waren in der Regel frühere Kolonien europäischer Nationen. Sie werden bis heute als Rohstofflieferanten und billige Arbeitskräfte genutzt. Der größte Gewinn bei diesem Prozess entsteht aber für das weiterverarbeitende Gewerbe, also in den Industrieländern.

Als im Laufe des Jahrhunderts die meisten Kolonien in die „Freiheit" entlassen wurden, blieben ein Scherbenhaufen und ein desolates Gesellschaftssystem zurück. Das ursprüngliche System war längst zerstört und von Macht und Unterdrückung ersetzt worden. Dies ist auch das, was bis heute viele Entwicklungsländer kennzeichnet: Macht und Unterdrückung. Demokratische Strukturen oder gesellschaftliches Miteinander wurden von den Kolonialmächten weder gepflegt noch gefördert, sondern vielmehr bekämpft und sind so weitgehend unbekannt.

Deshalb sahen viele der unterdrückten oder hungernden Menschen ihre einzige Chance in der Flucht nach Europa (so wie auch heute). Und wie heute versuchten sich die verantwortlichen Staaten zu entziehen; man machte die Grenzen dicht und meinte damit das Problem zu beheben. Damals wurde schon von der „Festung Europa" gesprochen und wir prophezeiten, dass der Ansturm noch höher würde (weil sich ja an den Ursachen nichts änderte). Heute sind wir genau an diesem Punkt; Europa macht die Grenzen dicht und die Bestrebungen vieler Politiker konzentrieren sich auf den Ausbau der Grenzanlagen. Das ist auch einfacher, als sich mit Fluchtursachen (und seiner eigenen Schuld) zu beschäftigen.

✪

Nachdem ich den Brief nochmals durchgelesen habe, fällt mir auf, dass (wieder mal) ein wichtiges Kapitel fehlt: die Auseinandersetzung mit dem Glauben und der Religion.

Beides, Glaube und Religion, spielte für mich immer eine Rolle; als Kind und als Jugendlicher war ich ja schon Ministrant und wuchs so in die Religion hinein und mit der Religion auf. Etwas später war ich in der katholischen Jugendarbeit aktiv; das war dann schon eine ganz bewusste Entscheidung.
Damals waren es Wahrheiten, die ich einfach annahm und in mein Leben integrierte – so wie man zum Beispiel von der Richtigkeit der Kreiszahl Pi überzeugt ist, ohne sie jemals errechnet zu haben.
Erst jetzt, im Studium, war ich zur Auseinandersetzung gezwungen.

Es gab viele, die ihr Studium mit einem naiven Kinderglauben begannen - manche noch mehr als ich. Dieser Kindergauben wurde jetzt hinterfragt. So wurden wir mit Hintergründen der Religion konfrontiert; wir erfuhren von der Entstehung der Bibel und den Anfängen der Kirche – und so manchen Widersprüchen. Kirchengeschichte (da wird's manchmal ganz schön hart), Kirchenpolitik und vieles andere mehr setzte uns ganz schön zu.

Im Grunde gab es zwei (oder drei) Gruppen im Studium: es gab Leute, die ihren Glauben weiter praktizierten, mehr oder weniger wie bisher; dann gab es Leute, die ins Zweifeln kamen und denen die Grundlagen ihres Glaubens (und des Studiums) zu entgleiten drohte, und es gab eine Gruppe irgendwo dazwischen.

Natürlich war dieser unsichere Boden auch für mich zu spüren. Die eigentliche Auseinandersetzung dauerte sehr lange, im Grunde hält sie bis heute an.
Während des Studiums machte ich es mir vielleicht aus heutiger Sicht etwas leicht: Jesus ist wahrer Mensch und wahrer Gott. Da die Gottheit sich vom Menschsein in jeder Beziehung unterscheidet, war der Mensch Jesus das einzig Greifbare. Und daran hielten wir uns.
Dass dieser „Kunstgriff" als Grundlage eines Religionsunterrichtes nicht ausreicht, erfuhr ich während meiner Unterrichtstätigkeit. Davon später mehr.
Jesus war für uns zuerst einmal als Mensch erfahrbar. Er wurde zum Revolutionär, in Verbindung mit Che Guevara, Gandhi und anderen gebracht. So war es möglich unser Leben und die politischen Anschauungen mit der Religion zu versöhnen. Dazu musste man nicht tiefer in die Materie einsteigen und konnte die inhaltliche Auseinandersetzung auch mal ganz ersetzen.

Die Kirche als reines Menschenwerk (böse Zungen nennen sie auch „Teufelswerk", aber soweit würde ich nicht gehen) war für uns Hilfe und Lehrer – solange sie auch dazu taugte. Das heißt, es folgte eine klare Trennung zwischen dem Glauben und der Religion einerseits und der Kirche auf der anderen.

Diese kritische Haltung gegenüber der Kirche ist auch heute wesentlicher Bestandteil meines religiösen Lebens und wir finden sie (damals und heute noch mehr) auch innerhalb der Institution. Es gibt sie, die kritischen Leute innerhalb der Kirche, und gab sie auch damals. Sie waren es, die uns angehende Religionslehrer (oder doch wenigstens einige von uns) vor der (Schein-)Heiligkeit bewahrten, von der jeder Religionslehrer bedroht ist.

Das war jetzt vielleicht etwas knapp und zum Teil auch nebulös. Aber wenn Ihr wollt, könnt Ihr mich ja direkt fragen.

✪

Das Studium ging irgendwann zu Ende und ich stand vor dem Einstieg ins Berufsleben.
Im Grunde war ich gut vorbereitet und fachlich qualifiziert. Allerdings hatte man eine kleine Sache vergessen: Wir hatten tatsächlich **nie** etwas über Leistungskontrollen oder Notengebung gehört. So waren die meisten da ziemlich unvorbereitet.
Damals wurde aufgrund der politischen Stimmung übermäßiger Leistungs- und Notendruck häufig abgelehnt und – eventuell um den Problemen aus dem Weg zu gehen – haben unsere Professoren und Dozenten dieses Thema einfach ausgespart. Dies hatte dann zur Folge, dass wir

Junglehrer auf das zurückgriffen, das wir schon kannten: ganz normale klassische Klassenarbeiten.

Gerade an diesem Beispiel zeigt sich, dass gesellschaftlicher Wandel möglich ist, aber auch an ganz einfachen Dingen zu scheitern droht.

1982 sollte ein neues Kapitel im Rüstungswettlauf eingeläutet werden, der Natodoppelbeschluss.

Es war ja nicht so, dass es nicht genug Vernichtungswaffen gegeben hätte; inzwischen reichten sie aus, um die gesamte Erde mehrmals zu zerstören. Manche sprachen von hundertmal, obwohl bereits einmal zu viel wäre. Aber darum ging's gar nicht. Diesmal ging es um die sogenannte Erstschlagstaktik: Ziel dieser Taktik war es, dem Feind mit einem Schlag (dem ersten Schlag) so viel Schaden zuzufügen, dass er zum Einsatz seiner eigenen Waffen überhaupt nicht kommt. Ihr wisst, dass diese Rechnung nicht aufgeht, da beide ja dasselbe Ziel verfolgen und deshalb zu denselben Mitteln greifen. Das einzige Ergebnis war letztlich eine Beschleunigung des Rüstungswettlaufs.

Wir saßen auf einem Pulverfass und hatten Angst; um diese Angst auszudrücken, gab es riesige Demonstrationen und Aktionen (zum Beispiel die Ostermärsche). Die größte dieser Demonstrationen war 1982 in Bonn; 500000 Menschen nahmen daran teil. Wir wünschten uns nichts mehr als dauerhaften und vor allem sicheren Frieden ... und heute wird mit der größten Selbstverständlichkeit über Auslandseinsätze der Bundeswehr gesprochen.

✪

Eine letzte Sache muss ich noch berichten, denn sie ist gerade heute wieder sehr aktuell.

Es geht um sexuellen Missbrauch, aber auch um Schuld und Verantwortung.

Zuerst war es nur ein Gerücht, das sich aber schnell verdichtete: ein Student der Sozialpädagogik wäre Kindern gegenüber übergriffig geworden. Und das im Rahmen eines Praktikums, also seiner Arbeit. Als dann der Student zwar sein Studium weiterführte, aber von allen seinen Ämtern zurücktrat und auch noch die Praktikumsstelle wechselte, war es eigentlich ziemlich klar.

Was tatsächlich passierte, blieb im Dunklen.

Letztlich wurde auf eine Anzeige verzichtet und der Student konnte seine Ausbildung beenden. Im Gegenzug durfte er nicht mehr mit Kindern arbeiten. Es wurde also einfach ein *Deal* gemacht: Wir kehren das Ganze unter den Tisch, wenn du versprichst … Wir kennen die Strategie, es ist die, die die Kirche bei internen Fällen von Missbrauch seit Jahrzehnten anwendet. So sind alle zufrieden und der Kirche bleibt der Skandal erspart.

Aber die Sache hat eine zweite Seite. Wir – die Studenten – haben das damals mitbekommen; zwar gab es keine gesicherten Informationen, aber ein Geheimnis war's auch nicht. Und auch wir haben geschwiegen und viele haben ihn auch noch unterstützt.

Und zurück bleiben Fragen: Wie konnte so was passieren? Wird sich der Student wieder an Kindern vergreifen? Oder

war es eine ungeschickte und falsche berufliche Intervention? Was ist mit dem Kind? Wird ihm geholfen? Konnte
man hier überhaupt aktiv werden, wenn keine Anzeige erfolgte (also rechtlich gesehen nichts passierte)?
Erst heute wird mir die Trageweite bewusst – und dass
auch ich (mit meinem Schweigen) Verantwortung trage.

August 2019

Anhang Schwarzwaldhof

Die folgenden Meldungen fand ich dieser Tage in der Zeitung, bzw. im Internet. Es handelt sich sowohl um aktuelle, als auch „historisches Material" – also aus der Zeit des Häuserkampfes.

Es macht sich Wehmut breit. Wir haben damals für den Erhalt des Schwarzwaldhofs gekämpft; die Politik sprach von „bürgerkriegsähnlichen Zuständen", es gab unzählige Verletzte und mindestens eine Tote.

Heute wird er (wohl) sang- und klanglos abgerissen, muss einem Tunnel weichen, diente aber trotzdem beinahe weitere 35 Jahre als studentischer Wohn-und Lebensraum (ein kleiner Sieg).

Ich weiß nicht, in welchem Zustand das Haus heute ist, aber es hat mich bei der Recherche beruhigt, dass der Häuserkampf wohl noch nicht ganz zu Ende ist – notwendig ist es allemal, das zeigt der Mietendeckel und die vieldiskutierte Mietpreisbremse.

Ich habe die Artikel aus dem Internet entnommen und nur das Schriftbild angepasst; ansonsten wurde nichts verändert (auch nicht die Rechtschreibfehler!).

https://www.badische-zeitung.de/schwarzwaldstrasse-31-wird-abgerissen--177321947.html (26.10.19)

Schwarzwaldstraße 31 wird abgerissen

Von BZ-Redaktion Freiburg / Di, 17. September 2019

FREIBURG-OBERAU (BZ). Weil eine Sanierung im Verhältnis zur Nutzungszeit viel zu teuer wäre, wird das Gebäude Schwarzwaldstraße 31 in der kommenden Woche abgerissen. Das Haus steht seit 2012 leer und muss – wie die Gebäude mit den Hausnummern 29 und 29a dem Stadttunnel weichen. In der Schwarzwaldstraße 29 ist derzeit der Essenstreff für Bedürftige; er bleibt dort, bis die Bauarbeiten für den Stadttunnel beginnen.

https://www.badische-zeitung.de/abriss-ohne-sperren-der-b-31 (6.10.19)

Abriss ohne Sperren der B 31

Von Simone Höhl Sa, 26. Oktober 2019 Freiburg

Lösung nach Planungspanne für Schwarzwaldstraße 31 gefunden.

FREIBURG-OBERAU (sh). Der Abriss des Hauses in der Schwarzwaldstraße 31 beginnt nächste Woche – in Handarbeit. Die B 31 muss doch nicht gesperrt werden, meldete das Rathaus überraschend am Freitag.

Vorangegangen war der Abrissankündigung ein Hin-und-Her: Das marode Gebäude werde abgerissen, hatte die Stadtverwaltung Mitte September angekündigt, um die Sache am nächsten Tag wieder abzublasen. Kurz vor knapp hatte das Amt für Gebäudemanagement festgestellt, dass ein externer Planer ein wichtiges Detail übersehen hatte: Das Haus liege direkt an der B 31, so dass eine Spur von Freiburgs wichtigster Stadtdurchfahrt gesperrt werden müsse, hieß es damals – ein längerer amtlicher Vorgang.

Wie sich jetzt herausstellt, ist die Sperrung doch nicht nötig. Amt und Firmen haben sich zusammengesetzt und intensiv eine Lösung gesucht, die die Sperrung überflüssig macht. Die B 31 ist chronisch überlastet, schon bei kleinen Behinderungen entstehen lange Staus.

Die Lösung: Der Teil des Gebäudes, der an der B 31 liegt, wird im oberen Bereich von Hand abgetragen, erklärte das Rathaus am Freitag. Das Gerüst werde mit Netzen und Folien versehen, damit dabei nichts auf die Straße fällt. Wenn eine "unproblematische Höhe" erreicht sei, könne das schwere Gerät zum Einsatz kommen, mit dem zunächst alles erledigt werden sollte. Die Abrissarbeiten sollen noch dieses Jahr beendet werden.

Innen läuft der Rückbau schon. Das Haus wird ab Samstag eingerüstet. Es müsste dem Stadttunnel weichen, ein Ertüchtigen zur Zwischennutzung würde laut Rathaus 1,5 Millionen Euro kosten.

https://www.baden.fm/nachrichten/hausbesetzer-be-ziehen-stellung-in-ehemaliger-polizeiwache-in-freiburg-527909/ (26.10.19)

Hausbesetzer beziehen Stellung in ehemaliger Polizeiwache in Freiburg

27. Mai 2019

Bereits seit einem guten halben Jahr nimmt die Gruppierung unbewohnte Häuser in Beschlag
Unterstützer der linken Bewegung "Die WG - Wohnraum gestalten" haben in Freiburg ein weiteres leerstehendes Gebäude besetzt. Nach eigenen Angaben sind sie am Wochenende in die frühere Wache der Freiburger Umwelt- und Gewerbepolizei im Stadtteil Stühlinger eingedrungen und haben dort ihr Lager aufgeschlagen.
Eigentümer der Gebäudes ist das Land Baden-Württemberg. Tatsächlich wird die Einrichtung momentan nicht mehr genutzt. Vertreter haben aber noch am selben Tag der Besetzung Anzeige erstattet, bestätigt uns ein Polizeisprecher auf baden.fm-Anfrage. Im Raum stehen demnach mögliche Straftatbestände wie Hausfriedensbruch oder Sachbeschädigung. Aus rechtlicher Sicht müssten die Besetzer deshalb mit dem Straftantrag aus dem Gebäude raus.
Polizei möchte das Gespräch mit den Besetzern suchen
Es gebe nun verschiedene denkbare Wege, um das umzusetzen, heißt es von den Einsatzkräften weiter. Bisher wollen sie vor allen Dingen das Gespräch mit den Hausbeset-

zern suchen und auf ihre Einsicht setzen, so die Ankündigung. Die Beamten beobachten dafür die Lage vor Ort genau. Falls das nicht klappt, könnte es auch zu einer Räumung kommen. Auf die stellen sich auch die Betroffenen bereits ein und fordern in einem Schreiben, das der baden.fm-Redaktion vorliegt, zu viel Rückhalt vor Ort auf.

Die linken Aktivisten würden die Höfe des Gebäudes gerne für einen Wagenplatz nutzen und im Haus selbstverwalteten Wohnraum anbieten. Vor Ort soll eine Fotoausstellung auf die Geschichte der Freiburger Häuserkämpfe aufmerksam machen und Diskussionsrunden auch Anwohner über die Hintergründe der Hausbesetzung informieren. Außerdem geht es ihnen um eine kritische Auseinandersetzung mit den neuen Polizeigesetzen der Länder.

Hausfriedensbruch ist in Deutschland ein Antragsdelikt
Bereits seit einem halben Jahr dringt die Gruppierung "Die WG" immer wieder in unbewohnte Häuser im Freiburger Stadtgebiet ein, um nach eigenen Angaben auf die problematische Wohnraumsituation und auf Leerstand aufmerksam zu machen. Die Behörden können das illegale Eindringen nur dann verfolgen, wenn der Eigentümer Anzeige erstattet oder es einen konkreten Verdacht auf weitere Straftaten gibt. (fw)

fudder.de/kleine-chronik-der-freiburger-hausbesetzun-gen--118648230.html (1.11.19)

Kleine Chronik der Freiburger Hausbesetungen

1977 bis 1980

Besetzung des Dreisamecks. **Dreisameck** *wurde ein Häu-serblock genannt, am Südende der Kaiser-Joseph-Straße, kurz vor der Dreisambrücke. Der Block umfasste das Ju-gendstilhaus der Zürich-Versicherung samt der angren-zenden Häuser in der Schreiberstraße (Nr. 2 & 4) und zu-letzt auch in der Kaiser-Joseph-Straße (Nr. 286).*

8. Juni 1980

Räumung des Dreisamecks. Mehrere Tage lang Absper-rung der Kaiser-Joseph-Straße, der Schreiberstraße und der Dreisambrücke mit **S-Draht und Zäunen.** *Dahinter standen 1200 Polizisten, die den Abriss der Gebäude und die Entkernung des Jugendstilhauses absicherten.*

9.- 13. Juni 1980

Tägliche Demonstrationen gegen die Räumung des Drei-samecks in einer Größenordnung, wie sie Freiburg bis da-hin nicht erlebt hatte. Bis zu **10 000 Menschen** *waren auf den Straßen der Innenstadt unterwegs.*

13. Juni 1980

Die Demowoche endete mit der Besetzung des Schwarzwaldhofs. Der **Schwarzwaldhof** *war eine Passage zwischen Talstraße und Schwarzwaldstraße aus Gewerbe- und Wohngebäuden, vergleichbar mit der bekannten Spechtpassage. Im Schwarzwaldhof entstand ein reichhaltiges Leben aus Wohnen und Kultur. Es gab eine Kindertagesstätte, das* **Café Mocambo** *und einen Coop-Laden. Aus dem Café Mocambo wurde später das Jos Fritz-Café. Auch ein erstes Crash gab es schon.*

4. März 1981

Räumung des tags zuvor besetzten Hauses **Moltkestraße 34***. Am Abend demonstrieren etwa 700 Personen vor dem Freiburger Rathaus, wobei etliche Scheiben zu Bruch gehen. In der Scherbennacht, wie sie später genannt wurde, kommt es in der Innenstadt zu schweren Auseinandersetzungen.*

5. März 1981

Räumung des Schwarzwaldhofs mit **4000 Polizisten***. Verhaftung von 71 Personen. In den Folgetagen Großdemos, Durchsuchungen in der Gaststätte Reichsadler ("Geier") und der Medienwerkstatt, Beschlagnahme von Videobändern.*

13. März 1981

Demonstration von **21 000 Menschen** *mit der Forderung nach Rückgabe des Schwarzwaldhofs.*

1981 bis 1987
Zahlreiche Besetzungen von Wohnhäusern. **Langzeitbe-setzt** waren die Häuser Wilhelmstraße 36 (1981-1987), Erbprinzenstraße 20 "Erbse" (1981-1986), Schlossberg-ring 9 & 11 (1984-1987) und Hildastraße 31 (1985-1986).

2. Oktober 1981
Besetzung des **AZ**.

1981 bis 1985
Vier Jahre bestand das Autonome Zentrum (AZ) im Glacis-weg, einer kleinen Seitenstraße der Wilhelmstraße. Dort gab es das **Crash**, ein Café und einen Mini-Club im Erdge-schoss, Vorläufer des Drifters Club. Im Gewölbekeller fan-den Konzerte und andere kulturelle Veranstaltungen statt.

Dreisameck 80 – ein Sponti erinnert sich

Räumung des Dreisamecks: SEK und Wasserwerfer
*Wir haben uns auf die Räumung vorbereitet und die Polizei beobachtet. Wir haben **Telefonketten** angelegt und uns über die Bewegungen der Polizei informiert. Dann kam der 8. Juni 1980, ein Sonntag. Morgens um 2 erreichte uns in der WG der Anruf. Starke **Polizeikräfte** fahren von Lahr aus nach Freiburg, hieß es. Kurz darauf kam eine ähnliche Meldung vom Schwarzwald.*

*Eine Stunde später standen wir am Dreisameck. Es waren schon viele Leute da. Man hatte **Angst**. Wir wussten nicht, was passiert. Andererseits sagten wir: „Wir wollen uns das nicht gefallen lassen. Unser Kulturzentrum lassen wir uns nicht so einfach wegnehmen." Die Stimmung war sehr solidarisch.*

*Die Hausbesetzer haben sich verbarrikadiert. Ich stand genau auf der Ecke Kajo-Schreiberstraße, auf der Fahrbahn. Wir haben die Straße gesperrt und kleinere **Barrikaden** gebaut, auf der Dreisambrücke. Die Barrikaden bestanden aus alten Möbeln, Reifen und Pappe. Die haben wir auch angezündet. Dennoch war das mehr **symbolisch** und kein richtiges Hindernis.*

Gegen 4.30 Uhr ist die Polizei mit **Wasserwerfern** angerückt. Eine **SEK-Einheit** drang über das Dach eines Nachbargebäudes ein. Wir wussten, dass die Besetzer einen Fluchtweg hatten.

Sie haben auch schnell gemerkt, dass sie das Gebäude nicht halten können. Deshalb ließen sie sich nicht abführen, sondern flüchteten über den Hintereingang und Mauern in die **Gartenstraße**. Ich schätze, es waren zwischen 50 und 60 Personen. Meine Frau war dabei.

Währenddessen postierten sich unten die Polizisten. Lange Stöcke, **Stahlhelme**, martialisches Auftreten. Dann der Wassereinsatz. Wir trugen Regenjacken und saßen pitschnass auf der Straße. Wir wurden mehr oder weniger **weggespritzt** und weggezogen. Auch wenn keiner verhaftet wurde - diese Einsatzvehemenz war uns in Freiburg neu.

Wir, Studenten zwischen 20 und 30, kannten das nicht. Viele hatten Angst und sind davongelaufen. Die meisten haben sich ohne großen Widerstand zum Ausgang der **Sperrzone** bringen lassen. Um 8 Uhr morgens hat die Polizei die Zone rund ums Dreisameck abgesperrt, quasi vom Friedrichsbau bis zur Kronenbrücke. Es kamen **Bagger** und große Maschinen mit Abrissbirne. Das Dreisameck wurde abgerissen. Unsere Barrikaden wurden eingerissen, dafür **Bauzäune** aufgestellt. Nach drei Tagen stand da nichts mehr. Das war eine konzertierte Aktion zwischen Eigentümern, Konkursverwaltern und Polizei.

*Damit war die Sache nicht erledigt. Im Gegenteil. Im Laufe des Sonntags gingen immer mehr Menschen zur **Absperrung**. Es kam zu relativ heftigen Wortgefechten. Die Polizisten standen hinter den spanischen Reitern und dem Stacheldraht. Das war die **Polizeiburg**. Daher kommt der Slogan: Freiburg, Polizeiburg.*

*Das Ganze ging **drei Tage lang**, bis alle Häuser abgerissen waren. Wir haben dann eine große Demonstration organisiert. Es kamen 10.000 Leute. Das war für Freiburg eine unbekannte Dimension. Auch gut situierte Bürger haben sich aufgeregt: „Dieser Polizeieinsatz passt nicht zu Freiburg!"*

*Aus dieser Bewegung heraus kommt glaube ich auch die langläufige Vorstellung, Freiburg sei anders. Das hat dort seinen Ursprung. Wir wollten nicht, dass die Stadt durchkommerzialisiert wird, dass die schönen **Jugendstilhäuser** plattgemacht werden, nur, damit da Neubauten mit ner besseren Rendite draufkommen.*

Schwarzwaldhof und Erbse

*13. Juni 1981, Schwarzwaldhof. Das war der Freitag nach der Räumung des Dreisamecks. Zwar habe ich immer noch in der Erwinstraße gewohnt – später dann in einem besetzten Haus in der Marienstraße - war aber quasi ständig im Schwarzwaldhof aktiv: Im Café Mocambo, im Kulturzentrum Budo, in der Besetzerzeitung. Gewohnt haben da die Leute, die aus dem Dreisameck flüchten mussten. Anfang November haben wir dann die **Erbprinzenstraße 20** besetzt, genannt Erbse.*

Dieses Haus war bis 86 besetzt. Mein Sohn, heute 24, ist da drin geboren. Ich bin 1985 ausgezogen. Mit einem **Baby** *in einem Haus zu wohnen, das von der Räumung bedroht ist, ist nicht einfach.*

Am 5. März 1981 wurde der Schwarzwaldhof geräumt. Er war mehr Kulturprojekt als Wohnprojekt. Das **Crash** *hatte dort den ersten Punkkeller. Da hatten wir immer leichte Schwierigkeiten wegen Schlägereien. Es gab das* **Budo**, *das war der Veranstaltungsraum der so genannten Alternativos und den linken* **Spontis**. *Auch hier: viel schräger Rock und Punk. Das Budo war im 1. OG.*

Dreisameck' 80: Eine Zeitzeugin erinnert sich an die Freiburger Hausbesetzung

Dorothea Winter
Mo, 11. Juni 2018 um 16:18 Uhr

Maria Viethen ist bekannte Stadträtin in Freiburg – mit einer spannenden Vergangenheit. Ende der 70er Jahre lebte sie drei Jahre in dem besetzten Haus "Dreisameck" und setzte ein eigenes Frauenstockwerk durch. Mit fudder hat sie über die Zeit gesprochen.

Wie kam es, dass Sie in dem besetzten Haus "Dreisam-eck" gelebt haben?
Maria Viethen: *Ich bin da durch eine Freundin eher zufäl-lig reingeraten, da war ich 23 Jahre alt. Das Dreisameck bestand aus fünf Häusern und eins davon stand komplett leer. Das gehörte dem Immobilienmakler Selz – der war im Grunde ein Spekulant. Er hat dieses große Bürogebäude gekauft und dann leer stehen lassen, um zu gucken, ob er dafür höhere Preise erzielen kann. Persönlich kennenge-lernt haben wir den nie. Wir waren eine Gruppe junger Leute, die Politik nicht nur in der Uni machen, sondern eine neue Form des Zusammenlebens schaffen wollte.*

120

Wo war das Dreisameck und wie viele Menschen lebten darin?
Viethen: Es war insgesamt eine Gruppe von 30 Leuten, die diese Hausbesetzung geplant haben. Wir wollten von Anfang an ein eigenes "Frauenstockwerk" und das haben wir auch durchgesetzt. Wir Frauen traten bei der Besetzung des Dreisamecks alle sehr selbstbewusst und präsent auf.

Das besetzte Haus war in der Kaiser-Joseph-Straße 284, ein hässliches Bürogebäude aus den 50er Jahren. Später mussten wir aber merken, dass wir sehr daran hingen, es war schließlich unser Zuhause für eine lange Zeit. Aber auf der anderen Seite auch eine politische Position.

"Wir Frauen traten bei der Besetzung des Dreisamecks alle sehr selbstbewusst und präsent auf."

Wie wurde das Ganze organisiert, so ganz ohne Facebook und Whatsapp?
Viethen: Naja, damals gab es ja keine Handys oder so. Solche Sachen wurden durch Telefonketten weitergegeben und durch Mund-zu-Mund-Propaganda. Das kann man sich heute gar nicht mehr vorstellen. Es war einfach so, dass wenn man etwas gemeinsam organisieren wollte, sich immer zur gleichen Zeit am gleichen Ort getroffen hat.

So hatten wir drei Wochen lang Versammlungen abgehalten und uns gut vorbereitet und sind eines Morgens um fünf Uhr rein. Unten war ein Teppichgeschäft und die drei Stockwerke darüber standen eben leer. Im untersten Stock war dann unser großer Gemeinschaftsraum und oben haben wir die Zimmer verteilt. In den ersten sechs Wochen haben da ganz viele Leute geschlafen.

fudder zeigt am 20. Juni im Cinemaxx <u>einen historischen Freiburg-Film bei der vierten Freiburger Filmnacht</u> – mit spannendem Archivmaterial aus den Jahren 1970 bis 1993.

Heute noch sind zahlreiche Flugblätter und Plakate archiviert – wer hat diese alle veröffentlicht und angefertigt?

Viethen: Im Voraus hatten wir uns sehr gut vorbereitet. Wir wollten es auf keinen Fall dem Zufall überlassen, was darüber berichtet wird. Deshalb haben wir Flugblätter geschrieben und versucht, diese in einfacher Sprache zu verfassen und der Bevölkerung erklären, was wir da machen. Dass da ein Haus zwei Jahre leer stand und dass das einfach nicht hinzunehmen ist. Wir als junge Leute brauchten schließlich Platz, um selbstbestimmt zu leben.

Zum Verteilen sind wir frühmorgens losgezogen und haben die ganzen Flugblätter überall in der Stadt ausgelegt. In Hochhäusern, in Weingarten, in Aufzügen. Um sechs Uhr waren wir schon fertig. Sodass wir dann die Meinungshoheit inne hatten. Und ich bin zusammen mit einer Freundin zu dem damaligen Energieversorger, und habe unsere Wohnung angemeldet. Den Strom, das Telefon, alles – unter unseren richtigen Namen. Denn wir wollten von Anfang an zu dem politischen Anliegen stehen. Es war schließlich nichts, was man hätte verstecken müssen.

"Wir kamen da mit unserem uralten Mercedes und zwei Motorrädern an und schlossen mit ihr unsere Mietverträge ab."

Wie war die öffentliche Reaktion auf ihr Handeln?
Viethen: Es gab einen riesigen Aufstand. Wir hatten sehr viele der Leute auf der Straße auf unserer Seite. Wir haben ganz viel Geschirr, Möbel und Essen geschenkt bekommen. Und im Gegenzug haben wir der Öffentlichkeit auch die Möglichkeit gegeben, sich alles anzuschauen und mit uns ins Gespräch zu treten. Unten an der Tür war sozusagen der Empfang, also ein kleines Tischlein mit Stuhl und da saß immer jemand. Dahinter war eine große Wandzeitung, auf der dann aktuell immer beschrieben wurde, was bislang passiert war.

Und wie war die Reaktion des Eigentümers, Herr Selz?
Viethen: Wir haben Herrn Selz angeschrieben und ihm gesagt, dass wir gerne richtige Mietverträge hätten und ihm Miete überwiesen. Was wir nicht wussten, war, dass der Herr Selz kurz vor der Insolvenz stand und dass er solch einen Ärger überhaupt nicht gebrauchen konnte. Und tatsächlich bot er uns Mietvertragsverhandlungen an und wir haben uns mit einer Vertreterin von ihm im Büro getroffen. Wir kamen da mit unserem uralten Mercedes und zwei Motorrädern an und schlossen mit ihr unsere Mietverträge ab.

Daraufhin haben wir drei Jahre mit zwölf Leuten in dem Haus mit Mietverträgen gewohnt. Dazu gehörte dann auch das Nachbarhaus, wo bereits Wohngemeinschaften *lebten.*

"Das SEK kam über das Dach und so konnten wir alle durch den Hinterausgang fliehen."

Wie kam es trotz Mietverträgen dann zur Räumung des Hauses?

Viethen: *Irgendwann war klar, dass Herr Selz insolvent war und unserer Mietverträge wurden daraufhin gekündigt. Das gesamte Karree sollte geräumt und abgerissen werden. Wir führten daraufhin einen Räumungsprozess, den wir jedoch verloren. Und deshalb besetzen wir auch noch die vier umliegenden Häuser. Sodass das dann für drei Monate nochmals eine Hochburg für junge Leuten war. Wir haben sehr viel Besuch bekommen, von Leuten aus dem Ausland und von anderen Besetzern.*

Und auch kulturell wurde sehr viel Programm geboten. Zum Beispiel trat das Kinder- und Jugendtheater bei uns im Hof auf, weil sie damals noch kein eigenes Gebäude hatten. Es gab auch viele Diskussionen und Vorträge. Doch trotz all dem wurde das Haus fast auf den Tag genau nach drei Jahren schlussendlich geräumt.

Haben Sie von der Räumung vorher erfahren? Wann fand sie statt?

Viethen: *Irgendwann war es einfach klar, dass die Häuser geräumt werden sollten. Wir haben auch kräftig den Polizeifunk abgehört. Und so konnten wir uns gut darauf vorbereitet. Wir haben alle fünf Häuser von innen ausgehöhlt, sodass man durch alle durchgehen konnte. Und* dann kam am Sonntag, den 10. Juni 1980 das SEK und räumte das Haus.

Wie konnten Sie fliehen?

Viethen: Das SEK kam über das Dach und so konnten wir alle durch den Hinterausgang fliehen. Uns kam auf jeden Fall zu Gute, dass die Räumung nicht von der örtlichen Polizei durchgeführt wurde, sondern eben dem SEK aus Stuttgart. Wir sind damals der Überzeugung gewesen und ich glaube das immer noch, dass die Freiburger Polizei denen aus Stuttgart nicht gesagt hat, wo man da rauskommt. Wir sind alle aus der Gartenstraße raus und es wurde niemand verhaftet.

"Auch sonst haben da viele mit Kindern gewohnt – verheiratet war natürlich niemand."

Also war die Polizei nicht nur Gegner sondern auch Verbündeter?

Viethen: Wir hatten natürlich auch Brüder, Väter und Freunde bei der Polizei. Und auch sonst hatten wir den Eindruck, dass sehr viele junge Beamte dazugezogen wurden. Wir haben dann auch versucht, mit denen zu sprechen und die haben uns ganz witzige Geschichten erzählt, was ihnen gesagt wurde, wie gefährlich diese Hausbesetzer doch seien. Ja gut, aber am Ende ist Gott sei Dank nichts passiert.

Viele von Ihnen waren damals Studenten, wie konnten Sie Ihren Alltag bestreiten, trotz Besetzung?

Viethen: *Die ersten sechs Wochen haben wir nichts anderes gemacht und am Ende, als es um die Räumung ging, hat es natürlich wieder mehr Zeit in Anspruch genommen. Den größten Teil der Zeit, als wir die Mietverträge hatten, haben wir da ganz normal gewohnt. Ich habe da meine Tochter bekommen und bin meinem Studium nachgegangen. Auch sonst haben da viele mit Kindern gewohnt – verheiratet war natürlich niemand.*

Schwarzwaldhof '81: Ein Kommissar erinnert sich

David Weigend Do, 15. November 2007 um 18:00 Uhr

Die Besetzung des Dreisamecks und des Schwarzwaldhofs gilt vielen als Inbegriff des linksalternativen Freiburger Widerstands. Rolf Schlotterer, Kriminaloberkommissar im Dezernat Linksterrorismus, wurde 1981 nach Freiburg geschickt, um die Szene der Hausbesetzer zu beobachten. 26 Jahre später berichtet er, was er damals erlebt hat.

Der Auftrag

*Freiburg 1981. Zuerst wurde das Haus „Dreisameck" besetzt, danach der „**Schwarzwaldhof**". Im Zusammenhang mit diesen Hausbesetzungen kam es zu einer Vielzahl von schweren Straftaten: Brandstiftung, Landfriedensbruch, Raub, Körperverletzungen und Sachbeschädigungen in erheblichem Ausmaß.*

*Es lag der Verdacht vor, dass diesen Delikten politische Motive zu Grunde liegen. In solch einem Fall beginnt auch das Landeskriminalamt mit Ermittlungen. Ich war damals Kriminaloberkommissar im **Dezernat Linksterrorismus** und* erhielt den Auftrag, mir ein Bild von der Situation zu machen. Wir organisierten eine Sonderkommission mit drei Abschnitten und insgesamt 60 Beamten.

Ich wurde zum Leiter einer dieser Abschnitte ernannt und war verantwortlich für Organisation, Logistik und Technik; auch für die Auswertung unserer verdeckten Maßnahmen. Diese waren insbesondere **Observationen** verdeckter Ermittler und Telefonüberwachungen.

Wir hatten den Auftrag, herauszufinden, ob es rund um den Schwarzwaldhof im strafrechtlichen Sinne eine **kriminelle Vereinigung** gegeben hat. Inwiefern waren die Straftaten organisiert und geplant?

Die Kommandozentrale

Die Situation in Freiburg 1981 war aufgeheizt. Die Szene hatte sich sehr gut organisiert. Aktionen der Polizei wurden frühzeitig gestört.

Bei **60 Soko-Mitarbeitern** ist es gar nicht so einfach, einen Stützpunkt zu finden. Ich hatte den Auftrag, ein Objekt zu besorgen, das schwer ausspähbar war, und dieses als komplette Dienststelle auszustatten. Dazu bekam ich eine Sondervollmacht. Geld spielte keine Rolle

Ich wählte eine große **Villa in der Wiehre**. Sie lag strategisch günstig in einer ruhigen Wohngegend. Man musste wegen der Nachbarschaft davon ausgehen, dass man es mit gutbürgerlichen, konservativen Leuten zu tun hat. Dennoch wurden in unserer Nachbarschaft einige Häuser irrigerweise angegriffen.

Reichsadler

Ich saß überwiegend am Schreibtisch. Ich habe Informationen zusammengetragen, Telefonate abgehört. Die Leute aus der Szene haben sich untereinander mit **Decknamen** angeredet. Sie haben Telefone in öffentlichen Einrichtungen oder Gaststätten benutzt. Logischerweise kannte ich die Stimmen, aber ich konnte sie keinen Gesichtern zuordnen. Viele Telefonate wurden vom Gasthaus „Reichsadler" aus geführt, dort traf sich die Szene, dort wurden Aktionen geplant.

Von uns hat sich keiner in den **Reichsadler** getraut. Polizisten wurden sofort enttarnt und mussten mit Schlägen rechnen. Dennoch wollte ich herausfinden: Wer sind diese Personen, die vom Reichsadler aus telefonierten?

Da ich mich ansonsten wenig in der Öffentlichkeit bewegt habe, habe ich mich reingetraut. Kaum hatte ich den Fuß in der Kneipentür, bin ich als Polizeispitzel angesprochen worden, lauthals, alle haben die Köpfe nach mir gedreht. Mir wurden **Schläge angedroht**, man wollte mich einschüchtern. Ich habe mich dumm gestellt und gesagt, ich wolle nur in Ruhe ein Bier trinken. Aus dem einen Bier wurden dann vier. Am Tresen fand ich mich plötzlich in der Lage des Verhörten wieder. Man hat versucht, herauszukriegen, ob ich was mit der Polizei zu tun hätte.

Da ich mich familienhalber gut auf die **Strickerei** verstehe, bin ich dort als Stricker aufgetreten und hab denen alles erzählt, was ich von der Strickerei wusste. Offenbar haben *die mir das abgenommen. Ich kam jedenfalls unversehrt wieder raus aus dem Reichsadler. Stimmen habe ich keine zuordnen können.*

Organisiertes Einkaufen

*Der Schwarzwaldhof wurde von den Hausbesetzern zum rechtsfreien Raum erklärt. Der Gebäudekomplex zwischen Schwarzwaldstraße und Talstraße hatte zwei Zugänge. Wenn da ein Polizist versucht hätte, durchzufahren, wäre der Wagen danach Schrott gewesen. Die haben mit Steinen geworfen, mit Prügeln draufgeschlagen, mit **Farbbeuteln und Molotovcocktails** geschmissen. Da blieb kein Auge trocken, es bestand Lebensgefahr.*

*Der Schwarzwaldhof war ganz klar ein **Herd der Kriminalität**. Ein Beispiel: Zuerst wurde dort die Stimmung angeheizt durch eine so genannte Informationsveranstaltung. Danach hieß es: „Wir machen Randale!" Einige haben das vorbereitet, haben Steine und Molotovcocktails bereitgelegt; teilweise sind da nachts bis zu 50 Leute durch die Straßen gezogen und haben die Schaufenster der Innenstadt zerdeppert und Fahrzeuge zerstört.*

*Tagsüber gab es das so genannte **Organisierte Einkaufen**: 40 Leute stürmen in ein Kaufhaus, die Hälfte davon auf Rollschuhen; die Rollschuhfahrer machen ein Riesentheater, produzieren Krach mit Trommeln, Radios, Trompeten und Blechdosen. Die Krachmacher erwecken die Aufmerksamkeit der Kunden. Während sie also mit ihren **Rollschuhen** um die Stände rumdüsen, kommt eine zweite Klientel,*

ohne Rollschuhe, und räumt die Regale ab, stopft das Die-
besgut in Tüten und dann verlässt der ganze 40-Mann-
Tross den Laden. So hat man eingekauft.

Die Larve

Ich hatte eine Assistentin, die auf die Idee kam, mich ein
bisschen zu stylen. Ursprünglich sollte ich als Punker gehen, aber wegen meiner Statur und meinem Vollbart haben wir davon Abstand genommen. Man hat mich dann
mit **Schminke und Haargel** verfremdet, damit ich ein bisschen szeneangepasster wirke.

In diesem Aufzug habe ich mich in eine Demonstration gemischt. In der ersten Viertelstunde lief jemand neben mir,
der mich ständig musterte. Ich hatte den Mann mal als
Beschuldigten vernommen. Der sagte nur: „Steht Ihnen
aber gut, was Sie da anhaben." Ich war **enttarnt** und verließ den Demonstrationszug. Am Rathausplatz hat mich
dann der Verfassungsschutz aus dem Knopfloch fotogra-
fiert. Wenigstens die haben mich für einen Verdächtigen
gehalten.

Jos Fritz Buchhandlung

Sie war Kommandozentrale und Kommunikationszentrum
der Hausbesetzer während Demonstrationen. Befehle, die
der Polizeiführer durchgegeben hat, wurden dort im Ori-
ginal aufgenommen und dann, bei späteren Einsätzen, als
Störfeuer eingespielt, um gegenteilige Aktionen zu bewirken. Das hat zu grotesken Situationen geführt, etwa wenn
der Polizeiführer seine eigenen Befehle zurücknehmen

musste: „Mein Befehl von vorhin ist gefälscht, der Befehl, den ich jetzt gebe, ist richtig!"

Und auch das hat die Gegenseite aufgenommen und später wieder abgespielt, was zur völligen **Verwirrung der Polizeibeamten** beigetragen hat. War clever eingefädelt, das hat uns teilweise auch amüsiert.

Die <u>Jos Fritz Buchhandlung</u> war auch Ausgangspunkt für so genannte **Schneeballaktionen**. Wenn jemand eine neue Info hatte, meldete man sie bei Jos Fritz und von dort aus wurde sie in der Art einer Telefonlawine an diverse Wohngemeinschaften weitergegeben. Auch, wenn eine Demo geplant war. Man hat so innerhalb kurzer Zeit bis zu tausend Menschen mobilisieren können.

Gefüllte Krapfen
Bevor der Schwarzwaldhof von der Schutzpolizei geräumt wurde, gab es rund ums Gebäude einen **Belagerungszustand**. Die Polizei hat das Gelände abgeriegelt. Das Taxiunternehmen Kern hat damals mit den Besetzern sympathisiert. Die haben dann die Besetzer per Funk informiert, sobald sich die Polizei genähert hat.

Einmal hat ein Taxifahrer den Einsatzkräften eine große Schachtel mit Berlinern übergeben. Anstatt mit Marmelade waren die mit **Kot gefüllt**. Der Taxifahrer hat sich natürlich dumm gestellt und gesagt, er habe das in Auftrag eines Passanten abgegeben.

Medienwerkstatt

Die Besetzungen von Dreisameck und Schwarzwaldhof wurde von den Medien bundesweit kommuniziert. Schon damals gab es die <u>Medienwerkstatt</u> in der Wiehre. Da haben die Leute Szenen aus den Demonstrationen gefilmt und danach so geschnitten, dass der Eindruck entstand, als ob die Aggression allein von der Polizei ausginge und nicht von den Demonstranten. Die öffentlich-rechtlichen **Sendeanstalten** haben diese Filme gern abgenommen.

,

Das war schon eine geschickte **Propaganda** gegen die Polizei damals. Einer derjenigen, die damals in der Medienwerkstatt aktiv waren, ist heute ein renommierter Regisseur: <u>Pepe Danquart</u>.

Aus wem bestand „die Szene"?

Die Hausbesetzer-Szene setzte sich nicht nur aus Freiburgern zusammen, sondern aus gewaltbereiten Jugendlichen, die **aus ganz Deutschland** angereist kamen. Die Demonstrationen fanden alle mehr oder weniger im Zusammenhang mit den Hausbesetzungen statt.

Die Demonstrationen dienten auch dazu, den Zusammenhalt der Szene zu organisieren. Man demonstrierte für **freien Wohnraum**, es war eine Symphatiebekundung für die Hausbesetzer. Man wollte verhindern, dass besetzte Häuser geräumt werden. Außerdem ging es allen um **Widerstand gegen die Staatsgewalt**. Diese Haltung war damals opportun. Verbindungen zwischen der Freiburger

Hausbesetzerszene und der RAF konnten wir nicht feststellen.

Der Schwarzwaldhof

...war ursprünglich ein **Industriegebäude**. Es wurde umfunktioniert in einen Szenetreff. Nach und nach haben dort die Leute ihre Matratzen abgeladen und sind dort geblieben. Ich vermute, dass da manchmal bis zu 400 Leuten waren. *„In Freiburg gibt's Randale"*, das hat sich schnell herumgesprochen. Mit dem Dreisameck hat alles angefangen. Als das geräumt wurde, ist die Situation eskaliert. Der Nachfolger, der Schwarzwaldhof, hat sich für die Szene **strategisch gut geeignet**: er war groß, gut zu verteidigen, man gelangte schnell in die Innenstadt, wo dann das Gros der Straftaten verübt wurde.

Zielscheibe war alles, was zum **Kapitalismus** zählte: Banken, Geschäfte, Häuser von Leuten, die sich kritisch geäußert haben, aber auch Polizeiposten, sofern man da rangekommen ist.

Kampf gegen Spitzel

Die linke Szene war damals recht straff organisiert. Sie hat Strategien entwickelt, um sicherzugehen, dass die Szene sauber bleibt. Man hat konsequent potenzielle Zeugen **unter Druck gesetzt**. Da die Hausbesetzer wussten, dass wir verdeckte Ermittler einsetzen, haben sie nach Spitzeln Ausschau gehalten. Wenn man jemanden entdeckt hat, musste der um seine Gesundheit fürchten. Da wurden teilweise Unschuldige krankenhausreif geschlagen.

Wenn man jemanden als Spitzel vermutete, wurden bei ihm Fensterscheiben eingeschmissen, die Fassaden mit **Farbbeuteln** beworfen. Alle Fahrzeuge, die um das verdächtige Haus herumstanden, wurden beschädigt. Mit einem Nagel wurde der Lack zerkratzt, die Autos wurden teils sogar angezündet.

Die Stimmung in der Stadt

Die Hausbesetzerszene hat den Kampf gegen die Polizei sehr sportlich genommen. Die hatten ihren Spaß daran. Ihre Aktionen hatten ja mitunter auch humorvollen Charakter.

Es gab **Kaffeekränzchen**, Konzerte und Happenings, zum Beispiel Nacktbaden in der Dreisam. Andererseits kamen bei manchen Aktionen viele Leute zu Schaden. Materiell und körperlich. Die Stimmung in der Bevölkerung war gereizt bis verängstigt. Wir hatten Probleme, Leute zu **Zeugenaussagen** zu bewegen, weil massiv eingeschüchtert wurde. Die Häuserbesetzer haben polarisiert.

Das Ergebnis

Im Endeffekt konnten wir **nicht nachweisen**, dass im Zusammenhang mit den Freiburger Häuserbesetzern eine kriminelle Vereinigung existierte. Dafür waren die Aktionen zu spontan und die Beteiligung der Szenemitglieder zu wechselhaft. Dennoch standen die Dinge kurz davor. Ein anderes Ergebnis hätte massiven Einfluss auf das Strafmaß für die Verurteilten gehabt   .

Zur Person

Rolf Schlotterer ist heute Kriminaldirektor in Sachsen. Zur Zeit ist er als Polizeiexperte und Berater im Auftrag der Europäischen Kommission in Rumänien tätig und ist vor Ort verantwortlicher Manager eines Projektes zur Korruptionsbekämpfung. Das Projekt startete im Juni 2007 und wird Ende August 2008 beendet werden.

Erste Berufsjahre 82 – 92

Ich stand das erste Mal voll und alleine verantwortlich vor einer Klasse.

Damals kam mir ein Spruch in den Sinn, den ich schon in meiner Schulzeit sagte: „Der Feind steht hinterm Pult", nur hatten sich jetzt die Seiten geändert: Jetzt war ich der Feind.

Mein erster Unterrichtstag war am 16.September 1982. Ich war knapp 25 Jahre alt – eigentlich 24 Jahre und elf Monate. Für einen Berufsschullehrer ist das jung – sehr jung. Viele Schüler sind gleich alt oder älter (mein ältester Schüler war 44 Jahre und hatte vier Kinder, ein anderer, den ich nicht unterrichtete, war 52 Jahre).

Wie soll man zum Beispiel mit einer 35-jährigen geschiedenen Mutter von zwei Kindern über Themen wie Ehe, Erziehung etc. sprechen (alles Lehrplanthemen!), wenn man selbst gerade 25 Jahre alt ist und keine Kinder hat? Und wie ist das für die gestandenen Männer und Frauen mit Lebenserfahrung, von einem solch jungen Lehrer unterrichtet zu werden – und das auch noch in Religion.

Darauf war ich nicht vorbereitet. Auch nicht auf die Notengebung. Sie ist gerade in Religion immer problematisch – in solchen Fällen aber ganz besonders schwierig.

Letztlich habe ich mich dann vom Lehrplan (und auch irgendwie von der Notengebung) befreit, beziehungsweise bin auf eine eher kreative Weise damit umgegangen. Das brauchte aber Zeit; ich musste erst meinen persönlichen Weg finden. Zum Glück gab es einen älteren Kollegen, der mich an der Hand nahm und in die Besonderheiten des Lebens als Berufsschullehrers einführte.

In R. war es ein wenig anders, denn da war ich seit langer Zeit der erste und vorläufig der einzige Religionslehrer. Hier hatte ich mich deutlich zum Einzelkämpfer entwickelt.

Wir wohnten damals noch in Freiburg. Die Oma - wir waren inzwischen verheiratet – wollte noch wenigstens ein Jahr in ihrem Kindergarten bleiben, bevor sie die Stelle wechselte.

Also sollte ich täglich die 100 Kilometer nach R. oder 120 Kilometer nach B fahren und abends zurück.

Natürlich mussten wir bei der Eheschließung die Kirche austricksen: Für einen katholischen Religionslehrer kam natürlich nur eine katholische Eheschließung in Frage. Die Oma ist evangelisch und ich war in keinem Fall bereit das Diktat (und die Einmischung in mein Privatleben) hinzunehmen. Aus dem Kirchenrecht wusste ich über die Möglichkeit einer ökumenischen Trauung mit zwei Pfarrern: katholisch und evangelisch. Heute ist es eine weitverbreitete Form (der sogenannte Ritus „C"), damals war's noch recht unbekannt. Genau diese Form wählten wir – und weil eben (auch) ein katholischer Pfarrer die Trauung vollzog, war es in Ordnung.

In ein paar anderen Dingen fanden wir auch kirchenrecht-liche oder theologisch abgesicherte Lösungen (meine Ausbildung war wirklich ganz gut): zum Beispiel in der Frage der Taufe der Kinder. Aber all das spielt heute wirk-lich keine Rolle mehr. Nur die Intoleranz in Fragen der Ehe und die Scheinheiligkeit der Sexualmoral bekommen wir bis heute zu spüren. (Noch heute droht zum Beispiel ka-tholischen Erzieherinnen, die nicht kirchlich getraut wur-den, die Entlassung!)

Aber diese Ängste und Befürchtungen sollten mit der Zeit weniger werden. Heute bin ich davon eigentlich völlig frei: ich ertrage die Kirche – solange sie mich erträgt. (An-ders sieht es bei der Oma aus: Sie hat es mehrmals erlebt, dass Kolleginnen, die nicht katholisch getraut waren, Probleme bekamen.)

Mein Chef im Ordinariat (mein Arbeitgeber) hieß Dr. J. Er war ein recht liberaler Mann und unterstützte uns, wo es ging. Außerdem war ich in R. und B weit ab vom Schuss und sollte noch merken, dass man uns dort und speziell in der Berufsschule, ziemlich in Ruhe ließ (oder mit unseren Problemen alleine – wie man's eben gerade sieht). Denn wir Religionslehrer an der Berufsschule unterstehen nicht dem Schuldekan vor Ort, sondern direkt dem erzbischöf-lichen Ordinariat in Freiburg. Das hatte Vor- und Nach-teile.

Wie schon gesagt, zu Beginn meiner Zeit in der Berufsschule wohnten wir noch in Freiburg.

Im Winter 82/83 mussten wir dann ganz schnell aus der
Wohnung raus. Es war eine Souterrainwohnung, also zur
Hälfte im Boden, und aufgrund eines Hochwassers
drückte erheblich Wasser durch die Wände.

Zum Glück fanden wir sehr schnell eine bezahlbare Woh-
nung in B in einem Hochhaus. Es war ein Gebäude mit 48
Eigentumswohnungen und einem Schwimmbad auf dem
Dach. Ihr merkt, der soziale Aufstieg war unaufhaltsam.

Allerdings musste jetzt die Oma pendeln. Auch sie hatte
Glück und fand ein möbliertes Zimmer bei einer Freundin
in Eichstätten, wo sie auch arbeitete. In der Regel kam sie
ein oder zweimal in der Woche heim und blieb die restliche Zeit an ihrem Arbeitsort.

Finanziell waren wir (zu Beginn) recht knapp. Wir hatten
ja gerade geheiratet; das hatte unsere wenigen Erspar-
nisse völlig aufgebraucht. Und – wie üblich – dauerte es
einige Monate, bis die Gehaltszahlung auch bei mir regelmäßig lief.

Aber wir lebten irgendwie noch im Studentenmodus und
da gehört notorische Geldknappheit dazu.

Das ging auch einige Jahre so weiter. Denn es ist ein Irrtum, dass man als Lehrer das große Geld verdient. Zumindest in den ersten Jahren ist das Gehalt eher unterdurch-
schnittlich und steigt erst mit der Zeit – dann aber regelmäßig und verlässlich (was auch ein Vorteil ist).

Als Beispiel möchte ich hier meine Chemikanten nennen.
Wenn sie ausgelernt haben, ist ihr Einstiegsgehalt (mit Zu-
lagen) höher als meines nach 35 Jahren. Aber versteht

mich nicht falsch – ich will mich nicht beschweren. Ich habe selbst gewählt und habe – durch die sichere Stelle – andere Vorteile.

Trotzdem finde ich es ärgerlich, dass man als junger Mensch häufig sehr gering entlohnt wird, gerade dann, wo das finanzielle Polster für den Aufbau einer Existenz, für Familienplanung etc. benötigt wird.

Als Religionslehrer hatte ich in der Schule immer eine Sonderstellung: Ich war kirchlich angestellt, mein Fach war in der Regel nicht versetzungserheblich („zählt nicht") und hatte so einen geringen Stellenwert bei Kollegium, Schulleitung und Schülern. Außerdem konnten die Schüler aus Glaubens- und Gewissensgründen aus dem Religionsunterricht austreten.

Gerade dieser Punkt des Religionsaustritts machte mir zu Anfang besonders Schwierigkeiten. Nicht weil viele rauswollten! Ich war jung und engagiert und die Schüler eher neugierig auf den „Neuen". Aber es gab Kollegen, die meinten, mich „unterstützen" zu müssen: sie drohten den Schülern, wenn sie austräten, gäbe es für sie Probleme, Ethikunterricht am Freitagnachmittag und ähnliches. Das Ergebnis war dann, dass die Schüler zwar kamen, aber stinksauer waren (wie ich meine, völlig zurecht) und ihrer Wut an mir ausließen, beziehungsweise sich in meinem Unterricht Luft machten.

Auf diese Hilfe konnte ich, ehrlich gesagt, gerne verzichten.

Der Unterricht war also aufgrund des Fachs von Beginn an etwas problembelastet. Auf der anderen Seite wurde von uns Religionslehrern alles so verlangt, wie von jedem anderen Kollegen (Disziplinierung, Noten, auch Vertretung, etc.). Dass ich in meinem Fach bei Strafen und Disziplinierung schlechte Karten hatte, wurde nicht gesehen: Gab ich Strafarbeiten oder drohte mit Noten (beides damals und bis heute – leider – sehr übliche Methoden), traten die Schüler einfach aus dem Religionsunterricht aus.

Druck und Angst waren (und sind) weit verbreitete Methoden in der Schule; nur leider haben sie mit Pädagogik nichts zu tun, im Gegenteil: Sie verhindern pädagogisches Arbeiten.

Hinzu kam, dass die Schulleitung Religion zum Teil einfach nur als Lückenfüller einsetzte und dies von vielen Kollegen auch so weitergegeben wurde („Reli können wir zur Not auch weglassen").

Und so spürte ich bald, dass ich andere Wege suchen und eigene Methoden entwickeln musste.

Tatsächlich hatte ich es noch nicht aufgegeben, die Welt etwas verbessern zu wollen, auch wenn meine Bestrebungen mit der Realität konfrontiert wurden und sich als schwieriger herausstellte als erwartet. Allerdings trat manchmal auch alles in den Hintergrund. Dann ging es nur noch ums Überleben.

Die ersten Jahre in der Berufsschule gingen dahin und ich entwickelte langsam eine gewisse Routine. Zu den Schülern hatte ich meist einen guten Zugang. Das kann ich an einer Episode gut veranschaulichen. Wir hatten damals drei parallele Malerklassen. Meist war das kein Problem, das heißt, es gab in jeder Klasse Störer und auch gute, aktive Schüler.

In einem Jahr nahmen aber die „Chaoten" – wie man damals sagte – sehr überhand. Also versuchte man diese Schüler einfach in einer Klasse zusammenzufassen, damit die restlichen beiden Parallelklassen angenehm und pflegeleicht waren. Man machte es sich also ziemlich einfach; anstatt nach Ursachen zu suchen und Lösungen anzubieten, wurde einfach aussortiert.

Ich war in allen drei Klassen, also auch in der Chaotenklasse. Und es war eine wirklich außergewöhnliche Erfahrung in einer außergewöhnlichen Klasse. Normaler Unterricht war beinahe unmöglich; er wurde von Beginn an sabotiert und zerstört. Anders wurde es allerdings, als ich begann, mich auf die Klasse einzustellen. Ich bereitete keine Themen mehr vor, sondern fragte: „Was sind Eure Themen?" Ich meine nicht, dass ich mich nach der Klasse richtete, sondern vielmehr holte ich sie mit in's Boot. Das Erstaunlichste war, dass genau die „Chaoten", die angeblich „nicht zu unterrichten sind", eine ganze Menge zu sagen hatten. Und sie diskutierten wie die Wilden, hatten immer wieder neue Themen (z.B. dass einer der Klasse den Führerschein hätte und immer besoffen Auto fährt oder Erfahrungen mit Gewalt und vieles mehr). Es war eine der besten Klassen, die ich je hatte. Weil die Schüler merkten, dass ich sie wirklich ernst nahm, akzeptierten sie auch mich als Lehrer und nahmen auch Dinge (das heißt Materialien, Themen, aber auch Einzelbeiträge) von mir an.

Ich möchte dies am Beispiel der Leistungskontrolle und der Note etwas verdeutlichen.

Ich musste Zeugnisnoten geben und irgendwie zu diesen Noten kommen. Das einzige Mittel, dass ich bis dahin kannte, waren klassische Abfragearbeiten.

Das passte dieser Klasse natürlich überhaupt nicht und auch ich war mit der Lösung alles andere als zufrieden, da sie weder meinem Unterricht noch der Klasse gerecht werden konnte. Letztlich akzeptierten sie es, weil keine andere Möglichkeit in Aussicht war. (Auch dies ist eine Besonderheit in solchen Klassen: in der Regel sind sie Argumenten gegenüber durchaus aufgeschlossen!)

Einige Zeit nach der Klassenarbeit kamen sie (wie meist) lebhaft diskutierend aus der Mittagspause. Sie hätten sich Gedanken über die Arbeiten gemacht, so berichteten sie und sie hätten eine bessere Idee. Man könne ja eine Gruppenarbeit machen, wo sie über ein Thema schreiben; das könne dann ein beliebiges Thema aus dem Unterricht sein. Natürlich waren da noch mehr Details, aber die erspare ich Euch jetzt.

Ich fand die Idee grundsätzlich gut, aber Schüler sind keine Lehrer. Sie können manche Dinge nicht wissen und deshalb auch nicht berücksichtigen. Aber auch hier fanden wir gemeinsam Lösungen. Diese Art der Leistungskontrolle mache ich tatsächlich bis heute und mit großem Erfolg.

Jetzt war ich also wirklich da angekommen, wo ich ursprünglich hinwollte: in meinem Beruf, um mit jungen Menschen zu arbeiten und zwar gemeinsam mit ihnen.

Vielleicht sollte ich noch ein klein wenig von der Schule erzählen und von der Zeit.

Wir hatten einen Hausmeister; zu seinen Aufgaben gehörte es, in der Frühstückspause den Schülern das Vesper zu verkaufen. Dazu belegte er eine ganze Kiste Brötchen mit Wurst und Käse – und rauchte dabei wie ein Schlot.

Es wurde praktisch überall geraucht, außer im Klassenzimmer (aber das hatte ich in meiner eigenen Schulzeit auch noch erlebt).

Themen wie Passivrauchen und krebserregende Schadstoffe wurden als Panikmache und Unfug abgetan. Keiner hätte sich getraut, etwas Entsprechendes zu sagen oder gar etwas zu unternehmen.

Ein ganz anderes Thema, das mich hier wieder einholte war die ständig schwelende Kriegsgefahr.

Die Friedensbewegung war damals sehr aktiv und auch ich war lange Zeit in einer dieser Friedensgruppen. Das Thema führte natürlich im Kollegium immer wieder zu Diskussionen. Denn neben den Friedensbewegten gab es auch die, die Abschreckung mit Waffen befürworteten. Sie waren der Meinung, man müsse nur genug Waffen anhäufen, dann wären wir in Sicherheit. (Das war übrigens auch die klassische Unterrichtsmethode: Man muss nur so viel Angst bei den Schülern erzeugen, bis sie nicht mehr aufmucken!)

Einmal hat einer der besonders vehementen „Kriegstreiber" (so nannten wir sie) einen Leserbrief in der Zeitung geschrieben. Ich ließ es mir nicht nehmen, mit einem scharfen Brief zu antworten. Auch er wurde abgedruckt.

Am nächsten Tag wurde ich dann (per Lautsprecher) zum Schulleiter zitiert und ordentlich zusammengefaltet.

Denn ich hatte etwas getan, was ich nicht hätte tun dürfen: Ich unterzeichnete den Brief mit „Andreas Sperling-Pieler, Religionslehrer der Gewerbeschule B". Das war eindeutig ein Fehler; es hätte mich meinen Job kosten können.

Die Angst vor möglichen Kriegen sollte erst 1990 etwas nachlassen. Die beiden Supermächte, USA und UDSSR, (so hieß Russland damals noch) standen sich jahrzehntelang waffenstrotzend gegenüber. Stellvertretend dafür stand Deutschland. Es gab zwei deutsche Staaten: die BRD im westlichen Verteidigungsbündnis mit den USA und die DDR im östlichen Verteidigungsbündnis mit der UDSSR (Russland).

Es gab also bis 1990 zwei deutsche Staaten (die sich spinnefeind waren. Wir merken das noch heute, wenn man manchmal von den „neuen Bundesländern" spricht. Damit ist die ehemalige DDR gemeint.

In der zweiten Hälfte der 80-er Jahre begann sich in der UDSSR eine neue Politik durchzusetzen: Glasnost und Perestroika. Beides stand für einen neuen, liberalen und demokratischen Politikstil in den „Ostblockländern" und vor allem in der UDSSR, der eben auch Friedensgespräche beinhaltete.

Es kam tatsächlich zu Abrüstungsverhandlungen und als indirekte Folge dieser Annäherung zur Wiedervereinigung der beiden deutschen Staaten (1990).

Das war ein entscheidender Einschnitt in unserem Leben. Zuerst einmal betraf es uns hier in Süddeutschland nur mittelbar. Deutlicher waren die Auswirkungen in Berlin und an der (bisherigen) Grenze.
Für die Bürger der DDR war es sicherlich eine Zeit der großen Hoffnungen, genährt durch noch größere Versprechungen von Seiten der bundesdeutschen Politik. Wenige hellsichtige Politiker warnten vor den unabsehbaren Folgen einer zu schnellen Vereinigung der beiden deutschen Staaten, aber umsonst. Sie wurden in der Regel politisch ausgegrenzt und teilweise auch einfach kaltgestellt. Letztlich war es auch keine Vereinigung, sondern das westliche System wurde ganz einfach weitgehend über die neuen Bundesländer gestülpt. Praktisch übernommen vom Westen wurden auch Industrie und Politik: Es waren hauptsächlich westliche Politiker und Industrielle, die sich im Osten engagierten.
Das führte zu großem Unwillen und Enttäuschung bei ehemaligen DDR-Bürgern und natürlich zu Zorn und Wut, der sich irgendwann entladen musste. Vielleicht ist das die Hauptursache der beeindruckenden Wahlerfolge der rechtspopulistischen AFD (und gerade in den „neuen Bundesländern" finden sich massive rechtsradikale Tendenzen bei einigen Mitgliedern dieser Partei).
Heute, 30 Jahre nach der Wiedervereinigung, sind die Warnungen von damals längst Geschichte. Aber bewältigt ist sie noch lange nicht. Wir sprechen noch immer von

zwei Teilen der Bundesrepublik und Unterschiede gibt es zuhauf. Die Mahnungen von damals wurden nicht ernst genommen und in Wirklichkeit gab es sie gar nicht – die Wiedervereinigung: Eigentlich wurde dem einen Teil Deutschlands nur das System des anderen aufgepfropft und weite Teile der DDR-Kultur wurden verteufelt. Ich denke, es hätte genug gegeben, an dem wir gegenseitig hätten lernen können (Kultur, Kabarett, Kindergärten, Kinderbetreuung und Rohstoffwirtschaft um nur einige zu nennen). Aber die Chance wurde vertan und mit dem was daraus entstand, werden wir uns noch eine Weile beschäftigen müssen – auch noch in der Zukunft.

Zur DDR – da gäb's noch viel zu sagen beziehungsweise nicht über die DDR, sondern vielmehr darüber, wie über sie gesprochen wurde. Und was über sie gesprochen wurde:

> In der DDR wird gehungert und wenn Besuch aus dem Westen kommt, wurden monatelang die Lebensmittelmarken aufgespart.

> Die Interzonenautobahn (sie wurde wirklich so genannt – ich habe im Internet nachgeschaut) ist die einzige vernünftige Straße der DDR und im Grunde nicht mehr als eine Landstraße.

> Die Interzonenautobahn wurde vom Westen finanziert (ich glaube das stimmt) und ist die einzige Straße in der DDR; alles andere sind Feldwege.

Wenn man zu schnell fährt, wird man **absichtlich** (Originalton!!) geblitzt aus reiner Schikane.

Die Sachen sind tatsächlich in der Regel unreflektiert zusammenphantasiert und wurden einfach geglaubt und ungeprüft weitergegeben. Dies trifft aber so nicht für alles zu: Manches wurde auch bewusst gelogen um so den feindlichen Staat zu diffamieren.

Glaubten wir das? Nein, natürlich nicht, wir misstrauten dem Ganzen, so wie wir allem misstrauten, was die „Alten" sagten. Wir ahnten, dass es nicht den Tatsachen entsprach, aber was wirklich war, davon hatten wir keine Ahnung. Eigenes oder gesichertes Wissen über den anderen deutschen Staat gab es keines und vermutlich wussten wir weniger über unsere Nachbarn, als umgekehrt. Dies wirft ein seltsames Licht auf unsere (Informations-) Freiheit, auf die wir ja so stolz waren.

Außerdem haben viele sich nicht getraut, der Polemik etwas entgegenzusetzen oder gar die DDR zu verteidigen. Dann wurde man nämlich automatisch zum Kommunisten und es hieß „Dann geh doch rüber in die Ostzone – es hält dich keiner".

Und beides wollten wir nicht: Unsere Freiheit war uns doch viel wert – vor allem die Reisefreiheit – und der Radikalenerlass saß noch immer im Nacken und auf jeden Fall in den Köpfen.

In diesem Zusammenhang ist eine weitere Geschichte zu erwähnen: Der Zusammenbruch der DDR und die Wiedervereinigung der beiden deutschen Staaten ist eben nicht in erster Linie das Ergebnis der Friedensverhandlungen oder des neuen Politikstils im Osten. Dies gehörte zwar dazu, war aber nicht der Auslöser. Der eigentliche Auslöser waren die Montagsdemos 1989, zuerst in Leipzig, dann in vielen größeren Städten der DDR. Es war der Beginn einer friedlichen Revolution; die einzige Waffe war ein Slogan, eine Parole: „Wir sind das Volk". (Und gerade dieser Spruch wird heute von rechtsnationalen Kräften missbraucht – zum Beispiel von Pegida und AfD.)

Uns hat das beeindruckt und begeistert. Gerade unter vielen jungen Leuten war die Gewaltfrage noch nicht letztlich geklärt.

Es gab gewaltfreie Vorbilder, zum Beispiel Gandhi, Martin Luther King, auch mit Einschränkungen Nelson Mandela (der 1990 aus 27-jähriger Haft entlassen werden musste) und natürlich Jesus, der für mich als Religionslehrer eine besonders wichtige Rolle spielt. Auf der anderen Seite gab es Organisationen wie die RAF (die noch immer aktiv war) oder die Antifa, die bei der Gewaltfrage zu anderen Ergebnissen kamen. Aber diesmal fand die Revolution direkt vor unserer Tür statt; es waren Menschen wie wir, von denen ich einige kennenlernen durfte.

Ganz kurz noch zu Mandela: Südafrika, Mandelas Heimatland, war bis 1994 geprägt von strikter Rassentrennung. Weiße und Nichtweiße hatten nicht nur unterschiedliche Rechte und Einflussmöglichkeiten, sondern mussten auch in unterschiedlichen Gebieten wohnen. Die herrschende weiße Minderheit schaffte es so, die mehrheitlich schwarze oder farbige Bevölkerung zu beherrschen und auszubeuten.

Ich finde es sehr interessant, dass auch dieser Umbruch etwa zu selben Zeit geschah.

Ganz aktuell möchte ich die Linie zur heutigen Situation und zu Greta Thunberg ziehen. Die 16-jährige Greta hat es in wenigen Monaten geschafft, absolut gewaltfrei eine riesige Bewegung zu initiieren. Gerade am letzten Freitag waren wieder auf allen fünf Erdteilen Demonstrationen, die größte vor dem UN-Gebäude in New York – übrigens alle gewaltfrei. Sicher wisst ihr, dass es bei diesen Protesten nicht um Krieg oder Freiheit geht, sondern um etwas viel Wichtigeres: Es geht um die Erde, genauer um das Klima der Erde. Greta und mit ihr viele Kinder und Jugendliche (und viele Erwachsene haben sich angeschlossen) fordern von der Politik, auf die sie als Minderjährige keinen direkten Einfluss haben, einen entschiedeneren Schutz unseres Klimas. Sie gehen für unsere Erde, und noch viel mehr für Eure Erde, auf die Straße.

Dieses Mädchen – 16 Jahre – hat mich mit ihrer Persönlichkeit, ihrem Mut und ihrer Energie sehr beeindruckt. Sie traute sich vor den mächtigsten Politikern der mächtigsten Staaten einmal Klartext zu reden. In einer Rede vor einem UN-Gremium machte sie ihrem Ärger, ihrer Angst und ihrer Wut richtig Luft. Einen derartigen Mut und eine solche Kraft gibt es selten. Ich bewundere sie. Ich hoffe nur, dass diese Bewegung noch lange anhält. Sie tut uns allen gut – und ist vielleicht das Einzige, was unsere Erde noch retten kann.

✪

Ich war bei den Abrüstungsverhandlungen stehengeblieben. Das war vor 30 Jahren, in denen wir etwas angstfreier leben konnten. (Kriege gab es aber noch immer, zum Beispiel im Balkan praktisch vor der Haustür oder, besser gesagt, dort wo viele ihren Urlaub verbringen, auch wenn dies keine Weltkriege mit solchen Waffen waren, die mit ihrer Zerstörungskraft ganze Landstriche unbewohnbar machen.)

Bis dahin war eine mögliche Kriegsgefahr Teil unseres Lebens, zumindest für jeden jungen Mann, der seinen Pflichtwehrdienst abzuleisten hatte. Bis 1990 waren das 15 Monate Wehrpflicht oder 20 Monate Zivildienst (zwischendrin auch mal 24 Monate); dann wurde die Dauer auf 12 bzw. 15 Monate gesenkt. Erst 2011 wurde die Wehrpflicht ganz abgeschafft.

Wer aus Glaubens- und Gewissensgründen nicht zur Bundeswehr wollte (vielleicht, weil er es nicht richtig fand, auf Menschen zu schießen), musste einen Antrag auf Kriegsdienstverweigerung stellen. Darüber wurde dann in einem Verfahren – ähnlich einer Gerichtsverhandlung – entschieden. Erst 1983 wurde die Verhandlung durch eine schriftliche Begründung ersetzt. Zur Verhandlung mussten nur noch Soldaten, die verweigerten.

Tatsächlich waren es aber nicht nur Soldaten, die zur „Gewissensprüfung" mussten, sondern alle jungen Männer, die bereits ihren Einberufungsbescheid hatten oder

Wehrdienst bereits geleistet. Dies war also noch eine ganze Menge.

Motiv für die Verweigerung war bei den allermeisten eine ganz konkrete Angst vor Krieg (oder vor einem Auslandseinsatz) und dabei gezwungen zu sein, Menschen (die man gar nicht kennt) töten zu müssen. Dies bezog sich auch auf die Ausbildung: die Fähigkeit schnell und effizient Menschen zu töten, die – aus welchen Gründen auch immer – zu Feinden erklärt wurden.

Dies traf auch für meinen Nachbarn (und Schüler) zu.

Wir setzten uns zusammen und versuchten, seine Beweggründe für die Kriegsdienstverweigerung zu erarbeiten und auf Papier zu bringen.

Zur Verhandlung durfte er einen Rechtsbestand oder einen unterstützenden Freund (oder so) mitbringen. Weil wir bereits die Begründung erarbeitet hatten, bat er mich, mitzukommen.

In dieser Zeit (und auch der nachfolgenden) gab es eine Menge Kriege, die uns (direkt oder indirekt) auch in Europa betrafen: Afghanistan, Golfkrieg, der gesamte Balkan, Tschetschenien – um nur einige zu nennen.

Das hatte zur Folge, dass ich immer wieder einmal um Rat oder Unterstützung bei der Kriegsdienstverweigerung gebeten wurde. Aus diesem Grund bemühte ich mich um eine formelle Beauftragung als Rechtsbeistand bei Kriegsdienstverweigerung. Der Vorteil war, dass ich in der Schulung und Fortbildung meine fehlenden Kenntnisse ergänzen konnte; der Nachteil war, dass ich – gerade von schwierigen Fällen und in eher aussichtlosen Situationen angefragt wurde (Verweigerung während der Dienstzeit, als Reservist, als Offizier und so weiter).

Allerdings war auch die Begleitung der jungen Männer zur Verhandlung sehr problematisch. Mein Engagement wurde zwar in meiner Schule respektiert, das hieß aber nicht, dass ich freigestellt wurde. Da ein Lehrer zwar viel Urlaub hat, ihn aber nicht nehmen kann, wenn er ihn braucht, hatte ich da ein Problem. Dies umso mehr, da meine Aktivitäten, trotz allem Respekt, von der Schulleitung eher kritisch gesehen wurden (Kriegsdienstverweigerer galten damals noch immer als Drückeberger und nicht als das, was sie tatsächlich waren: Männer, die für geringen Lohn harte und wichtige Arbeit in sozialen Einrichtungen leisteten).

In dieser Situation hat mir ein Kollege regelmäßig aus der Klemme geholfen. Es war ein stiller, freundlicher Mann, mit dem ich immer wieder rechnen konnte und der mich sehr unterstützte. Auch das war eine wichtige Erfahrung: Es gab nicht nur die Kriegsgegner, die auf die Straße gingen (und von denen im Fernsehen oder der Zeitung die Rede war), sondern auch die stillen, unauffälligen Helfer, die aus ihrem Engagement nicht viel Aufhebens machten. Derselbe Kollege war auch später bereit, an meiner anderen Schule einzuspringen, als uns Fachlehrer fehlten. Auch Jahre später – er war bereits in Rente – konnte er bei uns ein Loch stopfen.

An dieser Stelle nochmal Danke an alle die vielen unauffälligen Helfer.

Ich hatte damals regelmäßig Rechtsberatungen für Kriegsdienstverweigerung – teilweise mehrmals die Woche. Dies ging noch eine Weile so, war doch die Kriegsgefahr unmittelbar in Europa angekommen. Krisenherde im Nahen Osten waren zwar weit, aber die Aktivitäten der Bundeswehr weiteten sich immer mehr aus. Ein Soldat konnte inzwischen unter Umständen durchaus mit einem Auslandseinsatz rechnen.

Ich hatte eine Menge skurriler Gestalten in der Beratung. Eine Situation ist mir besonders in Erinnerung geblieben: Vielleicht habe ich es geschafft, einen potentiellen Terroristen zu „bekehren". Der junge Mann berichtete von seinen Beweggründen, den Kriegsdienst mit der Waffe zu verweigern und wir bauten seine Begründung (und „Verteidigung") auf. Irgendwann kam er dann mit den Fakten: Er kenne sich gut in Chemie aus und habe tatsächlich die Rohstoffe für einen Sprengsatz im Keller. Den plante er ursprünglich für einen politisch motivierten Anschlag. Als Rechtsbeistand war ich zur Verschwiegenheit verpflichtet, das war das Problem nicht. Aber den Pazifismus mit Sprengstoff in Verbindung zu bringen, war doch starker Tobak. Wir haben noch einige Stunden (bei mehreren Treffen) gesprochen und zum Schluss stellte sich heraus, dass es einfacher ist, eine Bombe zu bauen als sie wieder ohne Gefahr loszuwerden.

Heute denke ich, dass wir damals viel taten, um weitere Kriege zu verhindern. Unzählige waren daran beteiligt.

Umso härter trifft es mich, wenn heute deutsche Politiker (und Politikerinnen) mehr Auslandseinsätze der Bundeswehr fordern, sich ein höheres Engagement in Kriegs- und Krisenherden wünschen und der Wehretat schneller steigt als die Bildungsausgaben. Die Ausgaben für das Militär übersteigen die Ausgaben für Entwicklungshilfe bei weitem.

Ganz ehrlich: dafür sind wir nicht auf die Straße gegangen. Dafür haben nicht unzählige Verweigerer den wesentlich längeren Zivildienst gemacht und erduldet als Drückeberger beschimpft zu werden.

Interessant ist in diesem Zusammenhang auch eine Diskussion, die gerade jetzt in der Politik geführt wird: Es geht um die Einführung einer allgemeinen Dienstpflicht (wahlweise unter anderem Bundeswehr, Feuerwehr und Pflege). Das heißt, was damals verteufelt und als unsozial diskriminiert wurde (Zivil- oder Ersatzdienst), wird jetzt als Verpflichtung diskutiert.

Eine Episode passt in die gesamte Diskussion ganz gut hinein: Es war in der Berufsschule in B. Ich hatte ein sehr aggressives amerikanisches Werbeplakat aufgehängt, mit dem in den USA zu Beginn des letzten Jahrhunderts Werbung für die Armee gemacht wurde. Natürlich wurde ich wieder zum Chef zitiert. Diesmal war's nicht so schlimm; ich hatte eigentlich auch nichts Falsches getan. Es war nur so, dass ich mich des „Antiamerikanismus" schuldig gemacht hatte. Wer nicht für Amerika war, war für Russland und somit ein Kommunist.

Genauso wie heute gab es damals unzählige Menschen, für die die Welt nur aus zwei Farben bestand: Es gab schwarz oder weiß – Zwischentöne und Farbschattierungen passten nicht ins Weltbild.

✪

Dieses Schwarz-Weiß-Denken war auch in einem anderen Bereich zu finden. Ich glaube ich habe schon von der Atomkraft gesprochen. Man setzte zu dieser Zeit und schon vorher in großem Stil auf die Atomkraft zur Energieerzeugung. In den meisten Medien wurde von den hohen Sicherheitsanforderungen gesprochen und dass eine Atomkatastrophe ausgeschlossen sei. Dass dies nicht so ist, zeigte sich 1986. In diesem Jahr explodierte ein Reaktor in Tschernobyl. Die Folge waren eine radioaktive Verseuchung weiter Teile Europas und etwa 10 000 Tote bzw. Krebserkrankungen. Heute rechnet man insgesamt bis 2065 mit ca. 100 000 zusätzlichen Krebserkrankungen dadurch.

Es war Frühsommer und die Kinder wollten draußen spielen. Durch die radioaktive Verseuchung war dies aber nicht möglich. Es war absolut alles verseucht: Straßen, Gehwege, der Bolzplatz, der Spielplatz – einfach alles.

Trotzdem hielt man an der Atomkraft fest und schob die alleinige Schuld auf die „Russen", auf deren Gebiet das Atomkraftwerk stand.

Damals meinten wir, etwas Schlimmeres kann wohl kaum geschehen, aber wir sollten 2011 eines Besseren belehrt werden: die Nuklearkatastrophe von Fukushima forderte zwar weniger Tote, aber die Folgen waren ungleich langfristiger.

Aber alles zu seiner Zeit. Ich werde noch darauf kommen.

✪

Das Leben eines Berufsschullehrers besteht zum allergrößten Teil aus Schule. Es ist ein Irrtum, wenn man glaubt, Lehrer hätten meist nachmittags frei. Dies stimmt zumindest für die Gewerbeschule nicht. Sie ist eine Ganztagsschule und entsprechend läuft der Unterricht bis 16:00 Uhr oder später.

Schule war also tatsächlich der Hauptteil meines Alltags. Deshalb möchte ich noch ein wenig von der Schule in R. berichten.

Zu Beginn wurde ich dort in die unangenehmsten Klassen gesteckt. Das ist ja auch ganz einfach: Junge Lehrer wehren sich nicht und können sich auch nicht wehren, wenn sie ganz neu an einer Schule mit dem fertigen Stundenplan konfrontiert werden.

Das hieß im Einzelnen, viel Nachmittagsunterricht, zum Teil zwei verschiedene Schulorte an einem Tag mit unzureichender Pause, unzureichende Ausstattung, keine Materialien und erhebliche Widerstände von Seiten der Kollegen gegen den Neuen mit dem ungewohnten Fach.

Aber auch das ging irgendwann vorüber.

Nach meinen ersten Jahren in verschiedenen Klassen bemühte ich mich, die Unterrichtsversorgung auszuweiten. Ich hatte durchaus positive Rückmeldungen von den

Schülern und auch manchen Lehrern. Inzwischen wurde der Religionsunterricht dazu genutzt, wozu er eigentlich da ist: Wie bei Jesus war für mich (und für viele Kollegen meiner Generation) der Mensch wichtig. Es ging also um den Menschen, um das Zusammenleben, um Konflikte, die in einem Betrieb oder der Schule immer bestehen, vor allem wenn es Lehrer gibt, die meinen, Erziehung und Bildung bestehe aus maximalem Druck.

Ich konnte also durchsetzen, dass ich in den Baumetall-klassen eingesetzt wurde; zuerst nur versuchsweise, denn man ging davon aus, dass ich in den Klassen auf massiven Widerstand stoßen würde.

Der Widerstand kam, allerdings von anderer Seite. Natürlich musste ich mich um die Akzeptanz bei den Schülern bemühen, waren sie doch bisher nicht gewohnt gewesen im Unterricht über sich zu sprechen. Anders sah es von der Lehrerseite aus. Bisher gab es die bekannten zwei wichtigen Regeln: „1. Der Lehrer hat immer recht. 2. Sollte der Lehrer einmal nicht recht haben, tritt Paragraph 1 in Kraft." Und da kam nun ein junger Religionslehrer, der nicht nur seine Schüler nach ihrer Meinung fragte, sondern ihnen auch noch Rechte zugestand.

Ein Kollege verkündete einmal (nach einer Auseinandersetzung über das Recht der Schüler auf Pausen) in seiner Klasse, den Sperling-Pieler „zerquetsch ich wie eine Fliege". Da ich, wie gesagt ein recht vertrauensvolles Verhältnis zu den Schülern hatte, berichteten sie mir von der Bemerkung des Lehrers.

Selbstverständlich ging ich zur Schulleitung und dem Personalrat, bekam aber keine spürbare Unterstützung.

Im Gegenteil, die Geschichte ging weiter: Zu Beginn des folgenden Schuljahres wurde plötzlich von Seiten der Schulleitung Ersatzunterricht angeboten. Die Schüler, die aus dem Religionsunterricht austraten, sollten anderen Unterricht erhalten. So weit, so gut. Dieser Ersatzunterricht war aber Werkstattunterricht und den entsprechenden Schülern wurde ein Schweißzertifikat in Aussicht gestellt. Damit konnten die Jungs wirklich etwas anfangen; so ein Zertifikat ist eine wichtige Zusatzqualifikation in Metallberufen und ein entsprechender Kurs ist im Normalfall nicht billig.

Die Schüler traten reihenweise aus; viele kamen zu mir und erklärten ihre Situation: Es wäre eine einmalige Chance, die sie sich nicht entgehen lassen konnten. Ich konnte das sehr wohl verstehen und meine Klassengröße schrumpfte auf teilweise fünf Schüler. Also machten wir in Kleinstgruppen Unterricht. Es waren sehr intensive Gespräche und nach und nach kamen dann die anderen und wollten auch daran teilhaben.

Der Spuk hatte ein schnelles Ende, denn dieses Vorgehen war eindeutig nicht legal und das vermeintliche Ziel (den Religionsunterricht zu sabotieren) wurde nicht erreicht.

Der Kampf mit dem Kollegen (dem „Fliegenquetscher") ging übrigens noch lange weiter. Erst Jahre später (inzwischen hatte er eine leitende Funktion) wurde es etwas ruhiger und wir konnten uns irgendwann sogar gegenseitig respektieren.

Wenn ich heute daran zurück denke, bin ich froh, diese Situation hinter mir zu haben. Allerdings möchte ich es andererseits auch nicht missen. Denn gerade dadurch lernte ich die Metallklassen richtig kennen. Wenn es heute manchmal heißt, die Jugend sei areligiös und desinteressiert, kann ich das nicht bestätigen. Ich habe eine ganz andere Erfahrung gemacht und sie als aufgeschlossen, neugierig und durchaus kritisch kennengelernt. Ich habe die Erfahrung gemacht, dass auch(und gerade) Bauklassen den Religionsunterricht brauchen – und ihn ausgiebig für sich nutzen. Dass dadurch das Weltbild mancher Lehrerkollegen ins Wanken gerät (und die Schüler beginnen auch deren Unterricht zu hinterfragen), ist eine andere Sache.

Ein besonderes Erlebnis ist es, Jahr für Jahr festzustellen, wie aus den unreifen Jugendlichen des ersten Lehrjahrs im dritten oder vierten Ausbildungsjahr zielstrebige und kritische Männer werden.

Wir, das heißt die Oma und ich, waren inzwischen längst nach W. umgezogen und hatten 2 Kinder und da spürten wir deutlich die Probleme, die unser Gesellschaftssystem mit sich bringt, wenn man sich gleichermaßen um den Nachwuchs kümmern möchte. Wir versuchten „Jobsharing", das heißt, wir reduzierten beide unseren Arbeitsumfang. Ich muss sagen, dass mich damals meine beiden Schulen sehr unterstützten; sie ermöglichten mir einen passenden Stundenplan – aber es ging trotz allem nicht. Wir mussten nach einem Jahr zur traditionellen Arbeitsteilung von Mann und Frau zurückkehren. Ich hoffe, dass dies irgendwann einfacher geht.

Damals begann ich auch mit dem Fahrradfahren. Ich fuhr oft von W. die 12 Kilometer nach B oder 20 Kilometer nach R. in die Schule. Allerdings standen da zu Beginn weder sportliche Ambitionen noch Umweltschutzgründe dahinter. Es war viel einfacher: wir hatten nur ein Auto und konnten uns ein zweites damals nicht leisten.

Ja, ich denke, auch das ist interessant: Sparen und sich einschränken musste man zu allen Zeiten.

✪

Die Grünen waren zwischenzeitlich eine ernstzunehmende Kraft und tatsächlich auch bei uns angekommen. Interessanter ist aber, dass auch die rechtsgerichteten Republikaner (Rep) ankamen und zwar nicht nur im Landtag von Baden Württemberg (1992), sondern auf verschiedenen Ebenen.

Ungefähr zur selben Zeit machten sich Neonazi-Gruppen und rechtsradikale Umtriebe bemerkbar. Lange Zeit war W. als rechtes Nest verschrien. Wir versuchten von Seite der Grünen aktiv zu werden und suchten nach Möglichkeiten, auf politischem Weg dagegen vorzugehen. Der Erfolg war, dass wir (das heißt meine Familie und ich) nächtliche Drohanrufe erhielten. Es waren einige Monate, die von Angst geprägt waren.

Irgendwann wagte ich mich dann in die Kneipe, wo sich die Jungnazis einmal pro Woche trafen. Tatsächlich waren, wie vermutet einige von meinen Jungs drunter.

Wir diskutierten und versuchten, uns zu überzeugen. Natürlich änderte keiner grundsätzlich seine Meinung, aber es war auf beiden Seiten ein gewisser Respekt zu spüren.

Die Bedrohungen hörten tatsächlich auf.

✪

Eine interessante Geschichte ist die alte Bahnlinie. Sie reicht wesentlich weiter zurück, als ich überhaupt denken kann.

In der zweiten Hälfte des 19. Jahrhunderts baute der deutsche Kaiser „strategische" Bahnen. Das waren Bahnlinien, auf denen er im Kriegsfall seine Truppen transportieren wollte, ohne die (neutrale) Schweiz zu berühren.

Die W-bahn war eine davon.

Sie war von Anfang an mit Problemen belastet und die Bahnhöfe der Strecke wurden bald verkleinert oder sogar aufgegeben.

Andererseits war sie eigentlich hochmodern: Sie verband die Hochrheinbahn mit der Wiesentalbahn; auf ihrer Strecke war auch ein 3,2 Kilometer langer Tunnel, der damals zu den längsten Deutschlands gehörte und bereits für den zweigleisigen Ausbau vorbereitet war. Außerdem war sie sehr früh elektrifiziert.

In den 80-er Jahren sollten in diesem Tunnel Brandversuche durchgeführt werden. Dies hätte nicht nur eine Belastungsgefahr der umliegenden Gemeinden bedeutet, sondern der Tunnel (und die Bahnstrecke) wären vermutlich für den künftigen Bahnverkehr verloren gewesen. Glücklicherweise konnte es verhindert werden.

Heute wird tatsächlich ernsthaft über die Wiederbelebung der Strecke gesprochen; die Bahntrasse ist dank der damaligen Aktivitäten weitgehend erhalten und es wäre eine durchaus sinnvolle Ergänzung des Nahverkehrs.

Denn wie gesagt, die W-bahn verbindet zwei weitere wichtige Strecken, und so wäre ein Ringverkehr (Basel – B – W. – S. – Basel) möglich. Und tatsächlich wird in Zeitungsberichten und Reportagen immer wieder darauf abgehoben, welch Glücksfall es ist, dass beinahe die komplette Trasse noch vorhanden ist.

Mal sehen, es kann gut sein, dass Ihr es noch erlebt.

1991 brach ein Krieg in Europa aus, der Balkankrieg. Das ehemalige Jugoslawien zerfiel in viele kleinere Teile. Heute sind daraus mehrere Staaten entstanden; aber bis dahin war es ein weiter Weg in einem grausamen Krieg.

Direkt betroffen waren wir hiervon nicht, aber die Angst hatte uns doch wieder erfasst. Wir waren Krieg nicht gewohnt und in Europa sowieso nicht. Und jetzt tobte da, wo wir noch im Sommer zelten waren, ein furchtbares Massaker..

Die Menschen flüchteten, so wie sie immer vor Krieg fliehen, so wie es auch unsere Eltern taten. Nur viele der älteren Generation hatten wohl ihre Geschichte längst vergessen oder wollten an ihre eigene erbärmliche Situation nicht erinnert werden. Es gab erhebliche Ressentiments gegen die Hilfesuchenden (und gegen die Helfer) von Seiten der Bevölkerung. Auch da entdecke ich wieder verblüffende Parallelen zur heutigen Zeit, wo Flüchtlinge zu Tausenden im Mittelmeer ertrinken und Helfer kriminalisiert werden.

Die Flüchtenden wollten arbeiten oder eine Ausbildung machen; sie hatten Kinder, die in die Schule wollten.
In den Klassen saßen hochtraumatisierte Kinder, Jugendliche und junge Erwachsene, die Folter, Vergewaltigung und grausames Abschlachten erlebten. Die Flucht hatte viele Familien auseinandergerissen, so dass jetzt auch der letzte Halt verloren war. Die Lehrer waren weder vorbereitet, noch in der Lage, Hilfe zur Traumabewältigung zu leisten und die Mitschüler waren verwirrt von dem, was Ihnen begegnete.

Ich kann mich an eine Zeit der großen Hilflosigkeit erinnern, die für mich erst Jahre später – durch mein Psychologiestudium – etwas abgemildert wurde.
Allerdings wird die Wahrnehmung der eigenen Handlungsunfähigkeit wohl nie verschwinden.

September 2019

Exkurs Clusterkopfschmerz

Der Clusterkopfschmerz hat mich tatsächlich nie verlassen; er veränderte sich, aber ganz weg war er nie. Inzwischen kann ich recht gut damit leben, ich habe genug Medikamente zur Hand und die schlimmen nächtlichen Anfälle haben stark nachgelassen. Dafür habe ich wesentlich häufiger tagsüber mehr oder weniger starke Beschwerden. Der Schmerz ist nach wie vor ein Teil von mir und meinem Leben.

Deshalb lege ich Euch einen Brief bei, den ich in dieser Sache im September 2015 für meine Angehörigen geschrieben habe und meine Situation gut schildert.

Hallo,

vor einiger Zeit war ich auf einem Vortrag über Cluster und Behandlungsmethoden von Clusterkopfscmerz. Von dieser Veranstaltung habe ich Materialien mitgebracht, die mir vor kurzem wieder in die Hände fielen. Die Oma meinte, das wäre evtl. auch für Euch interessant ...

Mein Clusterkopfschmerz ist episodisch, d.h. meist 2 Schmerzepisoden im Jahr mit jeweils etwa 10 – 12 Wochen. Ich habe Cluster seit ca. 50 Jahren, diagnostiziert wurde es allerdings (wie sehr häufig) erst viel später.

Meine Anfälle kommen zu 95 % nachts und einigermaßen vorhersagbar: d.h. in der Regel 1 - 2 Stunden nach dem Einschlafen und dauern zwischen 20 Minuten und mehreren Stunden. Tagsüber versuche ich mehr als eine Stunde Schlaf zu vermeiden, weil dann auch Cluster droht.

Nach 2-4 Wochen wird der Schmerz immer stärker (obwohl man meint, dass das gar nicht möglich ist), er wird regelmäßiger (alle 1 – 2 Stunden, d.h. in einer Nacht bis zu 4 Anfälle) und die Erschöpfung und der Schlafentzug wird unerträglich. Hinzu kommen Nervosität, Reizbarkeit, Labilität und Dünnhäutigkeit, was zu erwartende Begleiter-scheinungen der Erschöpfung und des Schlafentzugs sind. Dies hält auch nach dem Ende der Episode eine gewisse Zeit an. Durch die extreme Belastung während der Cluster-Episoden entsteht außerdem zusätzlich Stress in der anfallsfreien Zeit, da Liegengebliebenes erledigt und aufgearbeitet werden muss. Bisher habe ich in der Zeit der Cluster-Episode immer noch gearbeitet. Nach meiner letzten Episode spürte ich, dass ich das nicht mehr schaffe.

Gegen meine Schmerzattacken helfen keine herkömmlichen Schmerzmittel. Neben reinem Sauerstoff (ich habe ständig eine Sauerstoffflasche neben dem Bett und ein bis zwei in Reserve; außerdem eine transportable Sauerstoffflasche für unterwegs) werden Triptane eingesetzt. Bei mir schlagen Injektionen und eine Form von Nasenspray an. Um einen Anfall (z.B. tagsüber) abzuwenden, habe ich immer einige andere Schmerzmittel in Reserve und helfe mir in der Regel zusätzlich mit literweise schwarzem Kaffee (und schwarzen Tabak). Wenn ich rechtzeitig einen drohenden Anfall spüre, kann ich oft mit verschiedenen Strategien dagegen angehen. Nachts entfällt diese Möglichkeit, ebenso bei zunehmender Erschöpfung, da dann die Wahrnehmung eingeschränkt ist.

Bedingt durch die Verschlimmerung der Attacken habe ich gemeinsam mit dem Schmerzzentrum der Uniklinik Verschiedenes versucht, z.B. mit Hochdosierungen verschiedener Mittel. Der Erfolg war eher bescheiden; neben den Medikamenten zur Vorbeugung (3 – 5 verschiedene Medikamente mit einer bis zu 100-fachen Dosis) wurde mit diversen Medikamenten experimentiert (natürlich alles ärztlich überwacht).

Die Medikamente belasten mich natürlich – gerade auch die Nebenwirkungen - (sowohl körperlich als auch psychisch), ebenso wie mir im täglichen Leben die Zeit fehlt, die ich bei Ärzten rumsitze.
Lange Zeit bestand das Problem darin, wo ich Schmerzmittel herbekomme: Da die meisten Ärzte Clusterkopfschmerz nicht diagnostizieren können, verschreiben sie natürlich auch keine Medikamente (in diesem Fall starke Schmerzmittel – Morphine helfen nicht). Und bei dem Bedarf eines Clusterpatienten wird das sehr schwer. Die übliche Packungsgröße dieser Schmerzmittel beträgt

häufig zwei bis drei Einzeldosen. Das reicht im Ernstfall nicht mal bis zum nächsten Tag.
Es dauert in der Regel mehrere Jahre bis Jahrzehnte, bis Cluster diagnostiziert wird. Die Wahrscheinlichkeit der Selbstdiagnose ist laut Untersuchungen höher als die ärztliche Diagnose.
Inzwischen bin ich mit dem Schmerzzentrum der Uniklinik Freiburg in Verbindung und werde da betreut.

Meine Krankheit ist nicht nur eine Belastung für mich, sondern in besonderem Maße auch für meine Frau, meine Familie und meine Umgebung.
Ich habe Cluster seit meiner Jugend.
Cluster ist unheilbar und die Ursachen unbekannt.
Clusterpatienten können ein durchschnittliches Lebensalter erreichen.

(geschrieben Frühjahr 2014)

Seit ca. 2 Jahren ist eine deutliche Verschlechterung eingetreten. Dies zeigt sich vor allem in der Bewältigung der psychosozialen und körperlichen Folgen, das heißt, es wird immer schwieriger für mich, mein Leben zu meistern.

(ergänzt September 2015)

Ich bin froh, dass es mir heute deutlich besser geht.
Ich habe nach wie vor Schmerzattacken, aber lange nicht mehr so schlimm.

Zuerst dachte ich, ich wäre allein – mehr oder weniger der Einzige, der eine chronische Krankheit hat, die ihn derart einschränkt. Natürlich wusste ich, dass das nicht so ist – aber zwischen Wissen und Wahrnehmung besteht oft ein Unterschied.
Irgendwann entschloss ich mich dann, mich zu „outen"". Ich schrieb einen Brief für die Kollegen, ähnlich dem hier abgedruckten. Ich sprach auch mit Schüler über das Thema chronischer Krankheiten und Schmerzen und so kam zum Teil auch meine Situation zur Sprache.
Bezüglich der Schulleitung und der Kollegen änderte sich zuerst nicht viel. Vielleicht musste ich weniger (bei Fehlzeiten) erklären oder bekam etwas Mitgefühl (was ganz furchtbar ist, denn da klingt immer ein „zum-Glück-ich-nicht" heraus). Aber auf jeden Fall hörte das Gefühl auf, sich verstecken zu müssen.

Chronische Erkrankungen, speziell Schmerzerkrankungen sind nach wie vor ein großes Tabu. Man spricht nicht darüber und häufig interessiert es auch nicht.
Klar, das versteh' ich, wer die Krankheit nicht hat, kann es sich auch nicht vorstellen. Und wenn ich ehrlich bin, ich weiß auch nicht viel über andere chronische Erkrankungen – und früher wusste ich eigentlich überhaupt nichts davon.

Mit der Zeit hörte ich aber immer öfters von Schmerzerkrankungen. Schüler und Lehrer berichteten von eigenen Beschwerden und von entsprechenden Problemen im Bekanntenkreis. Ich glaube das solidarische Gefühl tat uns allen gut, plötzlich ist man nicht mehr alleine.

Denn es ist nach wie vor ein Problem nicht den Standartvorstellungen eines leistungsfähigen Menschen zu entsprechen: Dieser sollte männlich, zwischen 20 und 40 Jahre alt, gesund und bis zu 120 % belastbar sein. Wenn wir ehrlich sind, wollen viele Männer so sein und viele Frauen stellen sich ihren Traummann auch so vor. Das bedeutet aber, wer anders ist, wer von dieser Norm abweicht, bekommt Probleme, steht (bestenfalls) irgendwo am Rande. Tatsächlich sind es weit über 88 % der Bevölkerung, die diesem Bild nicht entsprechen.

Diese Auseinandersetzung war auch ein Teil der Zeit in den 80ern und ziemlich typisch. Deutlich erkennt man das an zwei Beispielen aus der Musik-und Popkultur: „Männer" (1984 - Herbert Grönemeyer) und „Neue Männer braucht das Land" (1982 - Ina Deter). Es gab noch mehr Musikstücke, die sich mit dem Thema auseinandersetzen, aber die beiden Stücke sind mir tatsächlich zu dem Thema spontan in den Sinn gekommen.

September 2019

Berufsjahre 92-02

Mein Kollege in B war staatlicher Religionslehrer im Gegensatz zu mir – ich bin kirchlich Angestellter. Der Unterschied besteht nicht nur in der Bezahlung, der Altersvorsorge und der Krankenversicherung, sondern auch in einer weiteren Hinsicht. Der staatliche Religionslehrer darf – fachfremd – auch andere Fächer unterrichten; der kirchlich angestellte nur ausschließlich Religion. Eigentlich wurde uns Religionspädagogen damals eine staatliche Übernahme zugesichert; dies war auch so – bis zu diesem Zeitpunkt 1992. Ich stand auf der Warteliste auf Platz 1 und der Staatsdienst stand in greifbarer Nähe. Aber obwohl die Religionspädagogen für die Berufsschule deutlich besser ausgebildet sind (und billiger), wurden nur noch Volltheologen oder Lehrer mit (Zweit-) Fach Religion in Berufsschulen eingestellt.

Im Gegensatz zu meinem Kollegen in B hätte ich (damals) gerne noch ein zweites Fach unterrichtet; er allerdings hätte gegen seinen Willen noch Deutschunterricht geben müssen, wenn ich nicht die Schule wechsle. Also fasste ich eine Abordnung in eine andere Schule ins Auge, um meinem Kollegen das ungeliebte Zweitfach zu ersparen.

Das Ordinariat schickte mich in die kaufmännische Schule nach S.

Ich will ehrlich sein: es war immer die ungeliebte Schule – bis zum Schluss.

Wir passten einfach nicht zusammen. Die Bankkaufleute kamen zum Teil mit Anzug, Krawatte und Aktenköfferchen – und nannten mich „Sperling-Berber".

Auch im Kollegium hatte der Religionsunterricht einen schlechten Stand. Dies lag wohl auch an meinem Religionskollegen. Ich denke, er war einer der bestbezahlten Filmvorführer Deutschlands. Es gab für ihn drei verschiedene Stunden: eine Zigarette rauchen und dann mit dem Film zu beginnen, nur Film oder Film fertig schauen und dann eine Zigarette. Die einzige Abweichung von diesem Schema war in den Frühstunden. Dann konnte auch mal gefrühstückt werden. (Besonders ärgerlich war dabei, dass er mit zwei Gehaltsstufen über mir entlohnt wurde – und wir finanziell noch immer ziemlich knapp waren.)

Aus diesem Grund ist es leicht zu verstehen, dass der Religionsunterricht hier – noch mehr als in anderen Schulen – lediglich Füllmaterial für den Stundenplan war. Dies zeigt sich an einem anschaulichen Beispiel: Im Haus gab es, wie an vielen Schulen, akuten Raummangel. Dies machte sich besonders im Religionsunterricht bemerkbar. Wir waren in vielen Klassen geteilt in zwei Gruppen, brauchten also immer noch ein zweites Zimmer. Eigentlich wäre ein solcher Raum da gewesen; es gab ein kleines Klassenzimmer, das bisher als Bibliothek genutzt wurde (und manchmal eben auch als Ausweichmöglichkeit für den Religionsunterricht). Genau dieses Klassenzimmer gönnte sich aber der Schulleiter nach einem kleinen Umbau als standesgemäßes Büro. Unsere Alternative für Notfälle war also hinfällig.

Mich wunderte das nicht besonders, war ich doch einiges an Chefallüren gewohnt. Ein anderer Schulleiter an den ich mich erinnere, gab sich das ganze Programm: Vorzimmerdame zum Anmelden, Gegensprechanlage und keine direkten Kontaktmöglichkeiten für Kollegen.

Heute in R. sind die Türen der Schulleitung in der Regel offen (wenn es keinen anderen Grund dafür gibt, wie zum Beispiel Gespräche oder Telefonate), und der Schulleiter entschuldigt sich quasi beim Kollegium, wenn er, bedingt durch die Arbeit, öfters mal die Türe schließen muss.

In dieser Zeit hatte ich viel Unterstützung vom Ordinariat. Es gab immer wieder Probleme für mich, zum Beispiel bei den Abmeldungen vom Religionsunterricht und beim Versuch der Kontrolle durch die Schulleitung (komme ich noch drauf), sowie bei Prüfungskorrekturen, die ich machen musste.

Mein Vorgesetzter im Ordinariat, Dr. J, unterstütze mich damals auf eine besondere Art und Weise. Einmal fragte ich bei ihm um Rat, da man mich zwang, fachfremde Prüfungskorrekturen in Deutsch zu machen. Die Antwort war klar, es gehörte eindeutig nicht zu meinen Aufgaben.

Um die Angelegenheit zu lösen und mich trotzdem „außen vor zu halten", schlug er folgende Strategie vor: Ich solle bei der Schulleitung die Frage aufwerfen, ob die Zweitkorrektur durch mich rechtlich korrekt sei (immerhin handelte es sich um Abschlussprüfungen) – und vorschlagen einen Bekannten zu Rate zu ziehen, der sich auskenne. Dieser Bekannte sei er, denn er sei von Hause aus Jurist. Das Problem war damit aus der Welt geschafft.

Auf ähnliche Weise gingen wir bei den Religionsaustritten vor: Natürlich war ich nicht unbedingt erfreut, wenn sich Schüler vom Religionsunterricht abmelden wollten. Schlimmer war allerdings die „Hilfe" der Schule: Man setzte die entsprechenden Schüler massiv unter Druck mit Drohungen von Ersatzunterricht, Meldung an den Betrieb und teilweise auch mit unwahren Behauptungen. Dies hatte zur Folge, dass die Schüler zwar meinen Unterricht besuchten, aber das Gefühl hatten, dazu gezwungen worden zu sein (was ja faktisch auch der Fall war).

Da es für mich im Religionsunterricht immer um den einzelnen Menschen geht – gerade auch in seiner Rechtlosigkeit – war dieses Vorgehen für mich nicht nur kontraprodukiv sondern auch nicht akzeptabel. Ich setzte mich also für genau diese Schüler und deren Rechte ein (unter anderem mit Unterstützung von Dr. J), mit dem Erfolg, dass die Austrittspraxis grundlegend geändert werden musste. Das Ergebnis war dann, dass viele Schüler ihren Austritt rückgängig machten und genau aus diesem Grund ihr Bild von Religion revidierten. Dies erlebte ich im Übrigen an mehreren Schulen.

Jetzt, wo ich das schreibe, meine ich, dass ich schon davon gesprochen habe. Aber die Erlebnisse lassen sich nicht immer klar zuordnen.

Ärger gab's auch in meiner Stammschule in R.. Hier musste ich mich vor massiver Einmischung in meinen Unterricht schützen.

Einmal versuchte man, mich (fachfremd) in Gemeinschaftskunde einzusetzen; ich war damals eigentlich erfreut darüber, bot sich doch hier die Möglichkeit nach einem zweiten Fach, die ich so lange gesucht hatte. Aber es ging nicht um das zweite Fach oder um eine Zukunftsperspektive für mich. Tatsächlich war der Grund einfach eine Lücke, die sich in der Lehrerversorgung auftat. Und diese Lücke konnte ja mit dem („überflüssigen") Religionslehrer gestopft werden. Zum Glück wurde dieses Bestreben im Keim erstickt: Der Schulleiter untersagte es ausdrücklich.

Wir hatten damals ein Raucherzimmer in R. Im Grunde war dieser Raum der Mittelpunkt der Schule; hier wurde nicht nur geraucht, sondern weite Teile des Kollegiums hielten sich immer wieder hier auf. Ich kann mich daran erinnern, wie der Schulleiter auf einer Bierkiste, der Stellvertreter auf einer Leiter saß, die Luft war zum Schneiden, es war laut, eng und saugemütlich. Wenigstens manchmal.

Einmal beantragten fünfzehn Kollegen zeitgleich (aber tatsächlich unabhängig voneinander) ihre Versetzung. Alle fünfzehn hielten sich regelmäßig im Raucherzimmer auf. Das roch nach Palastrevolution; der Schulleiter tobte, sprach von Verschwörung und „fünfter Kolonne". Diese unpassenden geschichtlichen Vergleiche konnten wir natürlich nicht zulassen und es gab tatsächlich einen kleinen Aufstand.

Ich denke, diese Geschichte zeigt ein klein wenig, wie die Stimmung damals war.

Überhaupt war es sehr schwer (für viele Schulleitungen) zu verstehen, dass sie nur sehr geringen Einfluss auf den Religionslehrer nehmen können und auf den Religionsunterricht überhaupt nicht. So versuchte die Schulleitung immer wieder, meinen Unterricht zu besuchen und mich zu kontrollieren. Die Fachaufsicht über den Religionsunterricht liegt aber alleine bei der Kirche; das muss auch so sein, da der Staat weltanschaulich neutral ist und so keine Aufsicht über verschiedene Weltanschauungen haben kann.

Damals war das ein wichtiges Thema für mich (und ist es noch heute). Natürlich hatte ich mit der Kirche auch meine Probleme und mein Fach hätte problemlos auch Ethik oder LER (Lebenskunde, Ethik, Religion – zum Beispiel in Berlin) heißen können. Damit hätte man aber zwei Dinge opfern müssen: die verfassungsmäßige Verankerung des Religionsunterrichtes und die Fachaufsicht durch die Kirche. Die Folge wäre, dass Religion als ein Fach unter vielen letztlich der staatlichen Willkür und der Situation vor Ort ausgeliefert wäre (wo das hinführt, haben wir ja im Dritten Reich erlebt, und entsprechende Versuche gab es ja auch damals und gibt es bis heute). Der Religionsunterricht ist mit gutem Grund in einer starken und unabhängigen Institution verankert und darf in keiner Weise vom Staat vereinnahmt werden.

Diese Erkenntnis war vielleicht der erste Schritt zu einer Aussöhnung mit der Kirche.

★

1992 war ich 35 Jahre alt und es war für mich klar, dass ich diese Arbeit nicht noch weitere 30 Jahre machen wollte. Ich suchte dringend neue berufliche Perspektiven.

So kam eine Zeit verschiedener Fortbildungsanstrengungen.
Das erste war eine zweijährige berufsbegleitende Fortbildung zum Meditationslehrer und etwas später ergänzend dazu zum geistlichen Begleiter. Beides hat mir gute Dienste geleistet und noch heute profitiere ich davon. Der größte Brocken kam im Anschluss daran: ein Studium mit Psychologie als Hauptfach, Politikwissenschaft und Pädagogik als Nebenfächer. Dies war genau die Perspektive, die ich suchte; es eröffnete mir die Möglichkeit, auf dem freien Arbeitsmarkt eine Stelle zu suchen. Tatsächlich schaffte ich es, das Studium (mit Ach und Krach) zu beenden – allerdings habe ich nach dem Bachelor die Notbremse gezogen.

Inzwischen gab es einen weiteren Wechsel in der Schulleitung: Herr H wurde Schulleiter und H.L Stellvertreter.
In der Zeit, die nun folgte, erhielt ich das, was ich bisher vermisst hatte: Anerkennung und Verantwortung. Plötzlich waren die Gedanken an einen beruflichen Wechsel weg – und ich wollte nicht einmal mehr ein zweites Fach.

Die evangelische Kirche wollte den Katholiken nicht einfach das Feld überlassen. Ich bekam also einen evangelischen Kollegen auch in R.

Natürlich war das eine positive Situation - bedeutete es doch, dass ich nicht mehr nur Einzelkämpfer bleiben musste. Die Zusammenarbeit mit meinem neuen Kollegen war tatsächlich ganz gut. Was mich störte – und auch meine Arbeit störte – war die Tatsache, dass es von evangelischer Seite lange Zeit keine Konstanz gab: Es gab immer wieder schnelle Wechsel (manchmal im Jahresrhythmus) und nicht jeder oder jede hatte eine glückliche Hand.

Dies traf mich besonders, war mein Ziel doch eine kontinuierliche Versorgung mit Religionsunterricht in der Berufsschule. In meinen Augen ist es ein wichtiges und notwendiges Fach in der Ausbildung, wenn man Fachidiotentum verhindern wollte und genauso wichtig ist es für die Schule, die ja neben der Vermittlung technischer Inhalte auch pädagogische und psychosoziale (also im eigentlichen Sinne seelsorgerliche) Aufgaben hat. Und dieser Bereich wurde für mich immer wichtiger.

In dieser Bestrebung bekam ich unerwartete Unterstützung. Ein Kollege und bekennender Atheist (einer der wenigen wirklichen Atheisten, die ich kenne) schlug sich eindeutig auf meine Seite (und wurde Stellvertreter; es war H.L, den ich bereits erwähnte). Auch für ihn war klar, wie notwendig der Religionsunterricht ist, in einer Gesellschaft, in der das wirtschaftliche Kalkül und die finanzielle Rentabilität eine immer größere Rolle spielen.

Im Grunde war es genau das, was Marx sagte (ob er es auch so meinte, weiß ich nicht – dazu kenne ich ihn zu wenig): „Religion als Opium des Volkes", aber eben nicht zur Betäubung, sondern als Medikament. Uns war beiden klar, welche bedeutende Rolle die Religion(en) im Bereich der Sozialpolitik, der Moral und der Seelsorge spielt.

Insgesamt kann man erkennen, wie sich die Rolle der Religion geändert hat. In vielen Schulen waren (und sind) die Religionslehrer Vertrauenslehrer, im Personalrat und auch in der Beratung aktiv.
Dies zeigt sich auch, wie sich die Kirche in der Öffentlichkeit präsentiert. Die Zeiten, in denen Pfarrer unverhohlen von der Kanzel für die CDU werben und ansonsten auf ihrer unpolitischen Funktion beharren, sind heute längst vorbei. Schon damals begannen die Kirchen, ihre (gesellschafts-)politische Funktion anzunehmen und sich (wieder) gezielt für die Schwachen und Wehrlosen einzusetzen. Allerdings findet das nicht überall und auf jeder Ebene statt, aber inzwischen ist in vielen Kirchengemeinden die Flüchtlingsarbeit, Klimaschutz, Friedenspolitik und vieles andere mehr angekommen.

Dies hatte natürlich auch auf meine schulische Funktion großen Einfluss.
Eine Situation ist mir noch deutlich im Kopf. Ich war auf einer Fortbildung und erhielt morgens einen Anruf von der Oma (so meine ich wenigstens). Ich solle dringend in der Schule anrufen – war die Information. In meinem Gespräch mit der Schulleitung (es war mein Freund und Kollege H.L) erfuhr ich dann, dass in einer meiner Klassen ein Schüler auf mysteriöse Weise ums Leben gekommen war – es war irgendwo zwischen Medikamentenmissbrauch und Suizid angesiedelt; ob ich kommen könne – so war

die Frage. Ich setzte mich ins Auto und fuhr direkt in die Schule.

Diese Episode (die natürlich noch weiterging) ist der Auslöser einer ganzen Entwicklung. Ich war nicht mehr der überflüssige Religionslehrer, sondern hatte eine Funktion, die bisher einfach vergessen worden war. Es ging um Umgang mit Tod und Krisen aller Art. Bei Todesfällen wurde ich grundsätzlich dazu geholt und von Seiten der Schulleitung wurde mir hier ausdrücklich der Rücken frei gehalten. Erst später bildeten wir in der Schule dann auch ein Krisenteam. Nach einigen anderen Todesfällen (einmal drei Stück in einem Jahr) und anderen Krisen wurde wohl auch dem Letzten die Bedeutung der Seelsorge für die Schule klar. Ebenfalls später wurde eine Arbeitsgruppe zum Konfliktmanagement gegründet und ich wurde zusätzlich Präventionsbeauftragter.

Heute habe ich ein paar klare Aufgaben, die letztlich alle mit (meiner Auffassung von) Religion zusammen hängen und die die gesellschaftliche Rolle von Religion unterstreichen. Der Beginn dieser Entwicklung lag aber in dieser Zeit.

Ich habe immer wieder davon gesprochen, wie ich mit der Kirche hadere. Ich tue es auch heute noch; aber es hat sich etwas verändert. Bis jetzt hatte ich immer das Gefühl, mich gegen die Kirche wehren zu müssen, gegen sie anzugehen, sie auf Biegen und Brechen zu verändern und mich von ihrer Macht zu befreien. Heute sehe ich das anders: Ich muss mich nicht befreien und ich muss nicht hadern, denn Kirche, das bin (auch) ich und die Kirche ist es, die mich ertragen muss.

Einmal nutzte eine Referentin auf einer Fortbildung ein Zitat als methodischen Impuls: „Wenn etwas gut ist, mach mehr davon – wenn etwas nicht gut ist, mach irgendetwas anders!" Genau das war jetzt mein Weg.

In meinem Privatleben gab es damals einige Verwerfungen, aber davon soll ausdrücklich hier nicht die Rede sein. Nur eines will ich berichten.
Ich hatte wieder einmal einen Besuch bei meiner Mutter gemacht und, wie so häufig, wurde Cognac getrunken. Es wurde die lange Nacht des Cognacs.
Ich (und auch meine Brüder) versuchten immer wieder von ihr etwas über die Flucht am Ende des Zweiten Weltkriegs zu erfahren, aber meine Mutter blieb da immer sehr schmallippig. Im Grund erzählte sie nichts – auch nicht über die ersten Jahre in Deutschland – bis jetzt (und das war tatsächlich das erste und das letzte Mal)!

Wir sprachen die ganze Nacht, bis es wieder hell war. Ich hatte 1000 Fragen und endlich brach sie ihr Schweigen; sie erzählte von Ostpreußen, der Not in den letzten Kriegsjahren, dem Ausharren bis zum Schluss, wie „der Russe" dann tatsächlich kam und von der Flucht übers zugefrorene Haff. Sie erzählte, wie ganze Pferdewagen im Eis einbrachen und mit Mann und Maus ertranken und dass sie „das Glück" hatten, nur mit einen Leiterwagen unterwegs zu sein (der vom Eis getragen werden konnte). Sie erzählte, wie die Flüchtlingstrecks von feindlichen

Tieffliegern beschossen und Menschen einfach umge-
mäht wurden. Sie erzählte vom Lager in Dänemark (das
den heutigen Flüchtlingslagern ziemlich ähnlich war), wie
sie auch dort nicht willkommen waren und endlich zurück
nach Deutschland durften. Sie erzählte von dem Schock,
nicht in die Heimat zurück zu können und stattdessen ans
andere Ende von Deutschland geschickt zu werden, nach
Süddeutschland. Sie erzählte von den Anfängen in der
neuen Heimat, wo sie gar nicht willkommen waren
(kommt Euch das bekannt vor?) und von den ersten Jahren in einer Baracke, einer Bretterbude, wo die Tanten
und die Oma (meiner Mutter) bis zum Schluss lebten.
Sie erzählte, und ich fragte und fragte und drängte auf
Antworten. Sie erzählte zögerlich und sehr zurückhaltend.
Ich merkte deutlich, dass sie Verschiedenes aussortierte
und vieles wegließ.

Hier würde ich am liebsten ganz viel Pünktchen (...) machen, für all die ungesagten Dinge. Vieles blieb unausgesprochen und manches wurde ohne Worte - stumm, nur
mit den Augen – gesagt. Und was in dieser Nacht geschah,
lässt sich sowieso nicht in Worte fassen ...

Heute bin ich froh, wenigstens ein paar Informationen zu
haben, wenn auch vieles unklar und rätselhaft blieb oder
einfach belastend.
Jahre später, nach dem Tod meines Vaters, habe ich dann
seine Aufzeichnungen über die Flucht lesen können – und
noch etwas später die Aufzeichnungen seiner Geschwis-
ter.

Ich finde es bis heute seltsam, dass darüber nicht gesprochen wurde. Für uns gab es keine Möglichkeit, Fragen zu stellen (außer dieser einzigen – der langen Nacht des Cognacs).

✪

Damals (und bis heute) ist es schwierig als Jude in Deutschland zu leben. In meinem Religionsunterricht wurde ich immer wieder damit konfrontiert. Ich hatte mindestens drei jüdische Schüler, aber tatsächlich haben sich alle drei nur und ausschließlich mir gegenüber geoutet; kein Jude an unserer Schule (denn sicher gibt es mehr als diese drei) hat jemals offen über seine Religion gesprochen – bis heute nicht.

Der Grund liegt klar auf der Hand; sie müssen bis heute Diskriminierung und Ausgrenzung, aber auch Gewalt befürchten (siehe die jüngsten antisemitistischen Übergriffe).

Als ich vor kurzem unsere Sekretärin bat, die Anzahl der gegenwärtigen jüdischen Schüler herauszusuchen, sagte sie, in der Statistik tauche keiner auf, es hätte sich also keiner geoutet. Das waren ihre Worte; also auch sie geht selbstverständlich davon aus, dass sich Juden bis heute verstecken.

Wenn ich im Unterricht gefragt werde, welche Religionen es an unserer Schule gebe und ich sie aufzähle, wird regelmäßig bei der Erwähnung von Juden gelacht (nicht bei Christen, Moslems, Hindus oder irgendeiner anderen Religion)! Natürlich wird dieses Thema regelmäßig im Unterricht besprochen, aber gegenwärtig habe ich das Gefühl, es wird eher schlimmer als besser.

Hier ist natürlich auch der wachsende Rechtsextremismus zu erwähnen. In den Jahren 1992 bis 2003 war die Zahl der Todesopfer rechtsextremer Gewalt durchweg relativ hoch. Es ist die Rede von Brandanschlägen, regelrechten Hinrichtungen, Bombenattentaten und vielem mehr. Allerdings wurde völkische und rechtsextreme Propaganda in der Regel (noch) verdeckt und nicht offen verbreitet und ausgelebt; das hat sich heute mit dem politischen Arm der Bewegung, der AFD und PEGIDA geändert. In manchen Kreisen ist es mehr als schick, ein Nazi zu sein.

Allerdings gab es nicht nur aus dieser Richtung Gewalt. Immer mehr (und ganz verschiedene Gruppierungen) griffen damals zu Gewalt als politischem Instrument. Es geht hier wohl weniger darum jemanden zu überzeugen sondern eher um Machtdemonstration und Angst, die verbreitet werden soll.
So erklärte der islamistische Extremist Bin Laden 1998, das Töten von US-Bürgern sei Pflicht; es gibt dann in der Folge mehrere Anschläge auf verschiedene Einrichtungen und Zivilisten, die auf das Konto dieser (und anderer) Gruppen gehen.
So wurde zum Beispiel im September 2001 das World Trage Center in New York durch ein Attentat mit Passagierflugzeugen zerstört (bei weitem nicht das einzige). Die Antwort war ein Krieg gegen Afghanistan (man nannte

das damals „Krieg gegen den Terror", als könne man Terror durch Gewalt und Töten verhindern). 2011 wurde Bin Laden dann in einer von der CIA geleiteten Militäraktion getötet und mit ihm mehrere weitere Personen, darunter Frauen und Kinder. Es fand keine Verhandlung und keine Verurteilung statt – es wurde einfach nur drauf geschlagen. In der Folge dieser Aktion gab es endlich eine öffentliche Debatte um staatliche Folterpraktiken und Gefangenlager in denen Menschen ohne einen richterlichen Beschluss eingesperrt und gequält wurden. Nachweislich betraf dies auch unschuldige Deutsche, tatsächlich von staatlichen US-Stellen entführt.

Betrachtet man dies gemeinsam (den islamistischen und den rechtsextremen Terror, sowie das staatliche Gewaltverhalten) wird klar, dass hier immer wieder dieselbe Methode angewendet wird: Es wird versucht jemanden mit Gewalt und Terror zu überzeugen und ein Problem zu lösen, indem man den anderen tötet. Und jedes Mal ist das Ergebnis das gleiche; es führt nur zu noch mehr Gewalt und noch mehr Toten.

Deutschland ist damals (und vermutlich noch heute) in mancher Hinsicht zu einem Anhängsel der USA geworden, was zur Folge hat, dass hier bei uns eine klare Stellungnahme zu diesen Praktiken weitgehend fehlt (und wer – wie die deutsche Politik - immer nur die eine Seite verurteilt, wird schnell unglaubwürdig).

In dieser Situation jungen Erwachsenen zu erklären, dass Gewalt kein Mittel sein kann, ist beinahe unmöglich. Erleben sie doch täglich, wie Gewalt und Macht selbst von der Politik als Mittel eingesetzt werden. Manchmal kann es sogar ein wenig verwundern, dass Heranwachsende in einer solchen Welt der Gewalt und des Drucks (von der Schule bis zur Politik) sich trotzdem einigermaßen gesund entwickeln können.

Vielleicht hatten zur damaligen Zeit manche Jugendkreise gerade aus diesem Grund eine ganz besondere Methode entwickelt, mit der Problematik umzugehen – den Okkultismus. Im Grunde geht es ja um das Böse, egal auf welcher Seite und in welcher Form. Jeder versucht, sich irgendwie mit dem Bösen (oder was er als böse empfindet) auseinanderzusetzen.

Okkultismus und Satanismus (als eine Unterform) waren damals sehr „modern" und weit verbreitet. Dies war nicht nur damals so (um die Jahrtausendwende), sondern immer wieder in der Geschichte der Menschheit. Es war häufig in Zeiten, in denen die Existenz des Menschen unüberschaubar und gefährdet war, in denen sich der Mensch bedroht sah.

Heute ist die Welle deutlich abgeebbt und okkulte Praktiken tauchen wahrscheinlich häufiger in Form von Party-Gags mit Nervenkitzel auf als in geheimen Zirkeln. Vielleicht war das ja eine Form mit der Verwirrung umzugehen, die die Konfrontation mit staatlicher (und politischer) Gewalt hervorrief.

Diese Situation, die beständige Auseinandersetzung mit der Weltsituation und deren Auswirkungen auf meine tägliche Arbeit und mein Leben, hatte natürlich auch Einfluss auf meine psychische Verfassung und meine Energie. Die Zeit war geprägt von ständigem Wechsel von tiefer Mutlosigkeit und Energie. Denn es gab tatsächlich auch etwas (leider nur kurzfristige und fadenscheinige) Hoffnung, aus der ich Kraft schöpfen konnte.

Die Zeit war neben weltweiter wachsender Krisenherde zusätzlich von der Umweltproblematik überschattet. Deutschland ist bis heute ein wichtiger Standort für Forschung und Entwicklung (wenn sich auch heute die Verhältnisse etwas verschieben). Und gerade im Bereich der Energieerzeugung, insbesondere der erneuerbaren Energien, gab es hier neue Hoffnungen.

Bereits seit Ende der 70er Jahre fand die Solarthermie (Kollektoren wandeln Sonnenlicht in Energie zur Warmwasserbereitung) immer größere Verbreitung. Etwas später – etwa ab der Jahrtausendwende – wurde auch die Photovoltaik (Sonnenlicht wird in elektrischen Strom verwandelt) für den Verbraucher bezahlbar. Hinzu kam die Windnutzung zur Energieerzeugung. Auch an der Nutzung von Wasserstoff als Energieträger wurde geforscht und die Brennstoffzelle lag bereits in der Schublade. Es gab Kleinwagen mit Elektroantrieb – allerdings nicht zu kaufen! Über alternative Verkehrskonzepte wurde im großen Stil diskutiert und die Einführung des Stundentaktes im Schweizer Bahnnetz dürfte wohl in diese Zeit fallen (wir sind heute – nicht nur beim Stundentakt im Schienenverkehr – noch immer am Planen). Es machte sich also eine gewisse Hoffnung auf eine Wende der Energiekrise breit. Wir waren der Meinung neue Technologien und bessere Verfahren würden die drohenden Umweltprobleme (von denen wir ja wussten) schon irgendwie in Ordnung bringen: Die einen dachten tatsächlich, sie könnten ewig so weiter machen, die anderen waren der Meinung, es wäre noch genug Zeit, so dass Forschung und Entwicklung rechtzeitig Lösungen fänden.

Heute wissen wir, dass wir uns damals getäuscht haben; wir haben uns nicht nur etwas vorgemacht, sondern auch noch den Planeten in miserablem Zustand, ausgebeutet und verschandelt, unseren Kindern und Enkeln hinterlassen. Greta Thunberg, ein 16-jähriges schwedisches Mädchen, musste kommen, damit ich dies endlich begriff.

✪

Die Grünen (inzwischen Bündnis90/die Grünen) hatten sich zu einer ernstzunehmenden politischen Kraft gemausert und waren immer öfters an den Regierungen beteiligt. Von 1998 bis 2005 stellten sie sogar den Vizekanzler und Außenminister mit Joschka Fischer.

Tatsächlich war Fischer ursprünglich das enfant terrible der politischen Szene – allerdings ist sein Werdegang nicht so ungewöhnlich. Ursprünglich kam er aus der Studentenbewegung und sah sich, genauso wie viele andere, mit der Gewaltfrage konfrontiert. In Zeiten von Straßenschlachten, Häuserkampf, Demos und RAF war das unvermeidlich. (Vielleicht ist das – so fällt mir gerade ein - der Grund, warum manche Menschen heute einen anderen Zugang zur Gewaltfrage haben, als andere: es gab Zeiten, da musste man sich auseinandersetzen, es gab für viele keine andere Wahl. Vielleicht fehlt diese Auseinandersetzung heute.)

Um es gleich zu sagen, Joschka Fischer war ein besonderer Außenminister, weltweit geachtet, respektiert über die Parteigrenzen hinweg. Und tatsächlich wurde damals bereits (durch Jürgen Trittin – ebenfalls Grüne) der Ausstieg aus der Atomenergie erreicht; in langen zähen Verhandlungen schaffte Trittin das beinahe Unmögliche: ein Konsens mit den Energieerzeugern zum Ausstieg aus der Atomenergie, im Jahr 2000 beschlossen, 2002 war er in Kraft. Wohlgemerkt, es war ein Konsens mit Zustimmung der Erzeuger; es gab kein Gerichtsurteil, keine Klage.

2010 sollte dann dieser Konsens aufgehoben werden und wurde 2011 (nach der Reaktorkatastrophe von Fukushima) in anderer Form wieder „verordnet": diesmal ohne größere Verhandlungen mit der Folge, dass es im Nachhinein Schadensersatzklagen gab.

Vielleicht ist dies der Grund für unsere Blauäugigkeit in Fragen der Umweltpolitik: wir hatten ja ein Regierung mit „grüner" Beteiligung und meinten offensichtlich, uns zurücklehnen zu können. Die Regierung wird's schon richten.

Irgendwann gab es an meiner Schule die Möglichkeit meine Abordnung zu beenden. Abordnungen sind wegen der doppelten Konferenzen immer eine Mehrbelastung. Hinzu kommt, dass man sich durch die zwei Schulorte eigentlich nirgends richtig heimisch fühlt. In den Jahren der Abordnung hatte ich immer wieder das Gefühl, dass Dinge an mir vorbeigingen, dass ich Informationen nicht oder zu spät erhalte und mir Fakten fehlen.

Etwa ab 1997 – nach einem Wechsel in der Schulleitung – änderte sich auch die Wertschätzung, die mir entgegengebracht wurde; plötzlich hatte ich wieder Lust auf Schule.

Der Religionsunterricht war in der Berufsschule angekommen und das Ziel der hundertprozentigen Versorgung mit Religionsunterricht war in greifbarer Nähe. Allerdings fehlten dazu die Stunden – die musste ich ja noch in S. ableisten.

Letztlich war es nicht einfach, die Abordnung zu beenden, aber gemeinsam mit der Schulleitung (die großes Interesse hatte, dass ein Religionslehrer mit ganzer Kraft zur Verfügung stand) fanden wir schließlich Wege.

Ich spürte, dass ich gebraucht wurde, dass meine Arbeit tatsächlich wahrgenommen wurde und auch sinnvoll war. Ich beendete zwar mein Psychologiestudium (irgendwann – denn so einfach war's dann doch nicht), aber ein Wechsel der Arbeitsstelle stand nicht mehr im Raum.

Das Alter des Lehrers spielt natürlich bei der Akzeptanz auch eine Rolle. Inzwischen war ich 45 Jahre alt und dies wirkte sich auch auf den Kontakt zu Schülern aus. Ich spürte, dass auch ich zu lernen hatte und dass ich von den Schülern lernen konnte. Wir diskutierten über verschiedene Religionen und die Integration (und was das für den Angehörigen einer Religion überhaupt bedeutet). Es ging zum Beispiel um Kommunikation und die Jungs sagten ziemlich deutlich, dass wir Alten keine Ahnung hätten, was so ein Handy für sie bedeutet: Es ist nicht Spielzeug, sondern vielmehr multifunktionales Arbeitsgerät: Kalender, Notizblock, Taschenlampe, Fotoapparat zur Dokumentation von Schäden, Maßband und vieles mehr. Auch in anderen Bereichen durfte ich lernen: Wir sprachen über Drogen und mit wachsendem Vertrauen bekam ich auch Informationen über Halblegales oder auch Illegales; einmal waren (aufgrund eines akuten Anfalls) meine Clusterkopfschmerzen das Thema und ich staunte, mit welcher Klarheit sie darüber diskutierten, ob man in diesem Falle einmal Cannabis probieren könne, ob es zu verantworten wäre und unter welchen Umständen. Sie berichteten von eigenen chronischen Erkrankungen oder welchen aus dem Bekanntenkreis und ich spürte große Ernsthaftigkeit und noch größeres Vertrauen.

Auch aktuelle Themen bekamen eine wichtige Bedeutung. Die Schüler fragten (und zwar knallhart und schonungslos) und wollten eine Meinung hören; sie wollten sich auch reiben, wollten streiten, ihre Standpunkte und Argumente ausprobieren und an wem ginge dies besser als am Lehrer. Es ging um Fragen und Antworten für's Leben und für den Beruf, die unverzichtbar waren, aber in keinem Lehrplan stehen.

Anmerken möchte ich noch, dass ich durchaus nicht immer so engagiert war, wie das hier klingt. Es gab Zeiten, da hatte ich Power und es lief gut und Zeiten, die das genaue Gegenteil waren. Aber beides gehört dazu, denn das Leben ist kein Ponyhof.

Oktober 2019

Einschub: „Neues von Müller zwo"

Und das Leben sagte: „Gegen mich hast du keine Chance"

Gerade zu dem, was ich zum Schluss geschrieben habe, passen die Geschichten von Müller zwo hinein.
Ich habe es an anderer Stelle bereits angedeutet, es gab Zeiten, da war das Motto „Überleben ist alles". Aus einer solchen Zeit stammt Müller zwo (und er sollte immer wieder mal in meinem Leben auftauchen).

Ein paar der Geschichten möchte ich Euch hier anfügen.

Es hatte bereits geläutet. Müller zwo schließt die Tür des Klassenzimmers auf. Die Schüler des BVJ tröpfeln langsam herein.

Sie sprechen noch miteinander – denkt Müller zwo – kein Schubsen oder Schreien. Die Stimmung scheint bis jetzt o.k. zu sein.
Eigentlich ist es witzig, wie sie versuchen mich zu ignorieren. Eigentlich ignorieren sie mich nicht wirklich; ich bin einfach nicht da, existiere nicht in ihrer Welt – wenigstens gegenwärtig.
Es scheinen die meisten da zu sein. Das ist gut, d.h. keine Verzögerungen oder Diskussionen. Kevin fehlt – auch o.k. – super-o.k.

„Ich denke, wir sind beinahe komplett, setzt Euch doch bitte."
„Haben wir jetzt Reli?"
„Du Arschloch, bist Du blöd!"
„Schnauze."
„Du Drecksack, red´ nicht so mit mir!"
„Wie soll ich sonst mit Dir reden? - Arsch ..."
„Leute – alles o.k. Wir haben Religion, und der Stundenplan hat sich heute nicht geändert. Morgen können noch Verschiebungen kommen – aber das sagen wir Euch noch ..."
„Siehst Du, ich wusste, es gibt Vertretungen ..."

„Ja, lall weiter ..."

„Könnt Ihr Euch jetzt mal wieder beruhigen? Mit dem Stundenplan ist alles in Ordnung." Müller zwo versucht zu schlichten.

„Man darf sich doch wohl noch unterhalten!"

„Nee; die wollen uns dumm und still ..."

„Dumm biste ja schon – musste nur noch still sein!"

Mein Gott, diese sinnlosen Gespräche gehen mir so auf die Nerven. Ihr regt Euch auf, weil ihr Vertretungspläne nicht lest. Würdet ihr die Hälfte eurer Energie, die ihr in Handys und diverse Player steckt, in normale Kulturtechniken investieren, schafften die meisten den Hauptschulabschluss, auch die fünf oder sechs, die nicht einmal die 9.Klasse besucht haben. Kevin hat nicht einmal die 7. zu Ende gemacht. Eigentlich ist er eine arme Sau. Aber ich kann da nichts dafür. Und das gibt ihm kein Recht, die Klasse zu zerstören. Vielleicht würden's die anderen packen – sie sind nicht bösartig. Aber den Kevin zu chassen, da fehlt den Herren der Mumm. Die gehen ja auch nicht ins BVJ. Ja, ja, vor 20 Jahren da haben wir ... - Gewäsch.

Vor 20 Jahren haben meine Schülerinnen im Unterricht gestrickt – wenn man sie gelassen hat. Heute wär'n wir froh, sie täten's.

„Halt doch endlich mal die Schnauze: jetzt's Reli, den Rest kriegen wir später noch, hat Müller zwo gesagt ..."
Lautes Poltern an der Tür beendet die Diskussion.

Scheiße; Kevin! Muss das sein? Mensch kannst Du nicht zum Kuckuck gehen!?!

„Herr Müller, es hat geklopft; wollen Sie nicht aufmachen?"
„Das's Kevin, jetzt wird's lustig!"
Einige in den hinteren Bänken, die bisher überhaupt nichts sagten, scheinen buchstäblich auf ihren Stühlen zu schrumpfen.
Die Tür fliegt auf – knallt gegen die Wand.
„Ich hab' geklopft, warum macht mir kein Schwein auf?" Kevin schaut den Lehrer direkt ins Gesicht.

Reg dich nicht auf – er will keine Antwort, er braucht sein Podium.
Zehn Minuten sind schon rum, zehn Minuten lass ich sie früher raus, 20 Minuten muss ich überleben.

Kevin geht durchs Klassenzimmer, kickt einen Stuhl zur Seite, der ihm nicht im Weg steht.

Das mit dem Stuhl ist typisch. Sicher ärgert er sich, weil er einen Umweg für seine kleine Einlage machen muss. Ich sag nix. Was soll ich auch?! Für einen Rauswurf war's zu wenig. Und außerdem, wenn ich das mache, hab' ich die Randale perfekt. Und ein Rauswurf stört ihn nicht. Selbst Schulausschluss kennt er zur Genüge. Eigentlich kennt er nix anderes. Selbst die (illegale) Beendigung der allgemeinbildenden Schule vor Abschluss der siebten Klasse (der siebten Klasse!) hat er genommen wie einen Orden. „Langzeitpraktikum zur Vorbereitung auf das Berufsleben" nennen die das. Dass ich nicht lache. Er hatte kein Praktikum, hat keines gesucht, es hat ihm keiner geholfen dabei – und es hat keinen gestört. Und gefragt hat auch keiner. Langzeitpraktikum zur Vorbereitung auf das Berufsleben – klar, wenn Körperverletzung, Diebstahl, Autoaufbrüche und Hehlerei ein Beruf sind.

Im Jugendknast war er, die Zeit hat er abgerissen – sonst könnte man ihm damit drohen; – drohen? Quatsch! Jugendknast ist besser als Zuhause: regelmäßiges Essen, Hobbyraum, etc. Jugendliche, die seine Kragenweite sind und er braucht nicht draufschlagen, um sich zu beweisen und hat auch nichts zu befürchten. Na ja, wenig. Klar im Knast funktioniert's; da geht's ja nach den Regeln, die er schon prima drauf hat: oben und unten; stark und schwach.

Außerdem ist Jugendknast für die Typen wie'n Orden.

Zwischenzeitlich hat Kevin einen Mitschüler am Kopf gestupst, einen anderen an den Haaren gezogen. Von einem dritten hat er sich die Colaflasche geschnappt.

„Aber trink nicht alles!"

„Nee' die anderen kriegen auch noch!"

Kevin findet es total lustig und nimmt einen großen Schluck. Plötzlich verzieht er das Gesicht, reißt das Fenster auf und spuckt einen Mundvoll Cola direkt aus dem Fenster: „Das Zeug ist ja warm wie Pisse!"

„Weißte, die Bar hatte schon geschlossen!"

Das ist alles so vorhersehbar.

Ich hasse dieses Sozialgeknutsche: Weg mit dem Typ – wenn ihr mich fragt – und Steine klopfen.

15 Leute bleiben auf der Strecke, vermutlich wegen ihm. Die meisten anderen kuschen vor ihm oder sind Mitläufer.

Vielleicht ist er einer der Intelligenteren.

„Herr Müller, wann fangen wir an?"

„Okay, ich geb' Euch mal ein Arbeitsblatt. Ihr kennt das schon – versucht mal, den Lückentext zu lösen und anschließend das Rätsel."

Müller zwo gibt jedem Schüler ein Blatt und die meisten fangen ziemlich schnell an.

Kevin will kein Blatt. „So'n Scheiß mach ich nicht, da kannste Dir den Arsch abputzen. Außerdem ist das hier wichtiger. Morgen schreib'n wir Mathe und Maik blickt's absolut nich."

Kevin erstaunt mich immer wieder. Maik, eher ruhig, unauffällig und freundlich – wenn Kevin nicht da ist. Wenn er da ist, steht er in Kevins Schatten – oder besser gesagt: verschwindet hinter ihm.

Maik hat immerhin acht Hauptschuljahre, fast hochgebildet, aber Mathe ist nicht sein Ding.

Und was macht Kevin? Er gibt ihm Nachhilfe.

Soll ich mich jetzt geehrt fühlen oder ärgern, dass das in meinem Unterricht passiert?! Egal! Die Hauptsache, es bleibt ruhig.

Und wenn Maik ein bisschen was kapiert, war meine Stunde nicht völlig sinnlos.

Und Kevin hat seine gute Tat für heute.

Aber Mathe kann er wirklich, das macht er gern.

Warum klappt das mit den anderen Sachen nicht?

Der Depp.

Müller zwo geht durch die Klasse, die jetzt zum Teil konzentriert arbeitet, manche machen das Arbeitsblatt zu zweit, andere begnügen sich mit Abschreiben.

Wie immer, malen einige liebevoll und akkurat die Bildchen aus, die er extra in die Arbeitsblätter einfügt.

Kinder sind das! Obszöne Sprüche und aufgebrochene Autos, Platzwunden nach Schlägereien und null Bock. Aber dann malen sie Bilder aus – als würden sie ihre verlorene Kindheit nachholen. Daheim wird wahrscheinlich nur auf Tapeten gemalt. Daheim – was heißt das denn? Die Hälfte lebt bei Mutter oder Vater nach der Scheidung. Einige werden hin- und hergeschoben – wissen nicht mal, welche Adresse sie gerade angeben sollen: Vater, Mutter, Oma - es wechselt ständig. Einer ist aus dem Heim und einer ist gerade rausgeflogen. Schläft, wo er unterkommt. Letzte Woche ist er von der Polizei aufgegriffen worden. Die brachten ihn zur Mutter. Die Polizei kennt natürlich die Adresse; wenn der Jugendpolizist in die Schule kommt, begrüßt er alle mit Handschlag und Namen.

Naja – bei der Mutter hat er's ne halbe Stunde ausgehalten, danach hat ihn der Lebensgefährte rausgesetzt.

Natürlich hab ich Mitleid – aber auch mit mir! **Ich** muss die unterrichten!

Wer hat die Kindheit meiner Jungs und Mädels gestohlen?

Die Schüler kommen teilweise vor – zeigen stolz ihr Ergebnis.

Ja, ich soll sie loben – mach' ich. Obwohl sie gerade so die Arbeitsmoral eines Zweitklässlers zeigten. Und über einen Stempel „Das ist super" würden sie sich freuen wie ... na eben wie Kinder. Bis Kevin kommt. Kevin ist nur cool (komisch, außer in Mathe und seine Schrift: das eine ist brillant, das andere ziemlich gut). Er ist eben cool und laut und unverschämt und kriminell – und gibt Maik Nachhilfe, der eigentlich auf ihn wie'n Weichei wirken muss.

Oh, du dummes Kind. Du bist 17 Jahre, nächstes Jahr wird es ernst. Das ist deine letzte Chance.

Als ich das einmal sagte, hat er gelacht und gesagt „Vergessen Sie's; Lehrer sind Loser – ich bin schon Autos gefahren, da muss man Ihren Twingo festschnallen, sonst rutscht er im Kofferraum rum ..."

„Okay Leute, das war's, bis nächste Woche!"

Das Arbeitsblatt hätte besprochen werden müssen – aber überleben ist alles. Und wenn ich versuche, Ergebnisse zu sammeln, mach' ich das Wenige kaputt, was ich erreicht habe.
Was habe ich eigentlich erreicht? Ich hab' überlebt, das ist schon ´ne ganze Menge. Und Kevin hat Maik Mathe erklärt. Es gab keine groben Beschimpfungen und keine Beschwerden von außen. Und außer einem Schluck Cola flog nichts aus dem Fenster. Das kann ich nicht von jeder Stunde behaupten.
Ich werde bescheiden.

Müller zwo schließt die Tür hinter sich ab.

Seit die Heizung und der Stuhl rausflog – in hohem Bogen zum Fenster raus – bleibt abgeschlossen. Die Idioten haben das Ganze noch gefilmt und ins Internet gestellt. So konnten wir die Täter eindeutig greifen. Internet kapieren sie. Aber wie man „Computer" schreibt – keine Ahnung.
Eigentlich gibt's bei denen nur zwei Typen: die einen könnten, wollen aber nicht – Schulverweigerer, blockieren den Unterricht – die anderen können

nicht – sind einfach zu blöd – sie können wirklich nicht, viele nicht einmal lesen, keinen richtigen Satz schreiben. Die wollen aber. Vergiss es, das bisschen, was wir denen beibringen könnten, wird von den anderen zerstört.

Scheiße.

Klar, ich könnte mal ordentlich auf den Tisch hauen, rumschreien, Angst machen; dann ist Ruhe. Das ist die Sprache, die sie kennen - von zu Hause, von der Straße und manche aus dem Knast. Aber das Ergebnis ändert sich dann überhaupt nicht, außer, dass ich mich dann selbst zum Kotzen fänd.

Müller zwo läuft den Gang in Richtung Lehrerzimmer. Fröhliches Gelächter dringt durch die halb geschlossene Türe.

Mein Gott - nur das nicht. Ich will keine gute Miene machen, ich kann das jetzt nicht ertragen. Ich will meine Ruhe und – verdammt – kein Mitleid. Was passiert denn mit den Kindern – wer hat versagt? Das sind doch auch wir.

Ich will jetzt irgendetwas Vernünftiges tun, was sinnvoller ist als Reli im BVJ - vielleicht Konfetti zählen oder so.

Längst hat er den Weg nach draußen eingeschlagen.

Ich kann's nicht mehr hören: die Umstände, Verantwortung liegt woanders, Teufelskreis des Elends. Im Augenblick sind wir die Umstände, wenigstens zum Teil – ich, in den letzten Minuten.
Was passiert da, dass ich keinen Fuß in die Tür krieg, dass ich ihn verurteile (klar ihn – Kevin – wen sonst), während ich innerlich seine desolate Situation und seine Stärken analysiere. Analysieren, klar, das klappt, aber das geht im Kopf. Der Bauch sagt was anderes. Da ist Wut und Zorn und Machtlosigkeit. Zorn und Wut - mit Recht! Die anderen gehen drauf, während einer an seiner Zukunft schraubt (die schon für zwei Wochen im Jugendknast begonnen hat).
Und auch der Bauch hat recht.

Die Tasche unter dem Arm, erreicht Müller zwo die Raucherzone.

Es gibt Momente, da versteh' ich einen Junky. Raus aus dem Hamsterrad, raus aus dem Scheißleben. Aber je mehr du strampelst, desto schneller läuft es. Und da gibt's nur eine Lösung.

Müller zwo grinst in sich hinein, während er die Klebestelle seiner Selbstgedrehten befeuchtet.

Wie die Jungs wohl gucken würden, wenn ich mir wirklich einen Joint anzünden würde?

Drei junge Männer aus der GWS treten einen Schritt zurück und öffnen ihren Kreis für Müller zwo. Sie lächeln einladend, während einer fragt: „War die letzte Stunde so schön, dass Sie sich noch immer freuen?"
Müller zwo tritt zu der Gruppe und einer gibt ihm Feuer.
„Nein, ich hab' mir 'nen Witz erzählt."
„Das muss ein rabenschwarzer Schülerwitz gewesen sein!? Oder waren Sie nicht im BVJ?"

Die wissen genau, was hier gespielt wird. Das sind keine Kinder mehr. Richtige Männer sind das geworden. GWS – Gas-Wasser-Scheiße heißt die Abteilung – na ja eigentlich Sanitär, aber die Jungs verstehen Spaß, können auch über sich selbst lachen – inzwischen im vierten Lehrjahr – da haben wir ganz gut gearbeitet.
Ich freu mich schon auf morgen. Wenn ich mehr solche Klassen hätte, ging's mir besser.

Prachtjungs mit dem Herz am richtigen Fleck. Wenn's drauf ankommt, sagen die dir, wo's langgeht und können auch die Antwort vertragen.

Gut – manchmal treffen sie die Tonlage nicht beim ersten Mal. Aber ist das so schlimm? Denen kannst du wenigstens sagen, was Sache ist.

Ein anderer Schüler meint: „Sie, Lehrer ist doch ein Scheißjob, wenn man BVJ hat!?"

„Na, das würd' ich nicht tun, nicht für viel Geld", ergänzt ein anderer.

Sein Nachbar fügt hinzu: „Lieber Gas-Wasser-Scheiße – wenn's drauf ankommt bis zum Ellbogen" und beißt genüsslich von seinem Vesper ab.

Was soll ich da sagen? Sie haben recht – bringen es auf den Punkt. Aber sie erwarten auch Stärke von mir und Klarheit. Und mein Beruf, mein Job ist mir ja was wert; ich mach das ja gern – wenigstens manchmal – oder es gab schon Zeiten, wo's so war. Mir dreht sich alles, ich hab' das Gefühl, da stürzt alles auf mich ein: Beruf lieben und hassen, Engagement und Resignation, anpacken und hinschmeißen.

Und dann gute Miene zum bösen Spiel.

„Wir sprechen uns wieder, wenn wir Ferien haben!"
Müller zwo grinst.
„Wir haben keine, nur 30 Tage ..."
„... ich nur 25 ..."
„Seht Ihr, Lehrer ist doch nicht so schlecht. Ihr wisst ja: Berufswahl hat etwas mit Intelligenz zu tun!"

Und wenn ich damals einen Funken Intelligenz gehabt hätte, wäre ich Holzfäller oder Straßenbahnschaffner geworden. Alles – nur nicht BVJ. Das ist so unglaublich sinnlos.
Du bist hinterher fertig und hast nichts erreicht. Erreicht!? Wer redet davon, man könne `was erreichen im BVJ? Wir können (manchmal) Katastrophen verhindern. Und dafür, dass wir einen von zehn von denen auf die rechte Bahn bringen, gehen fünf von uns drauf. Du machst das fünf Jahre; dann bist du 15 Jahre älter und kommst raus als Wrack oder Rambo.
Wenn du am Boden liegst, haben die ihr Ziel erreicht. Es gibt nur zwei Möglichkeiten: Du bist oben und trittst oder du liegst unter und wirst getreten.

„Also, wir sehen uns ..." Müller zwo schnippt seine Kippe in den Aschenbecher und hebt die Hand zum Gruß.

Die meisten der Schüler erwidern den Gruß, einige machen sich mit ihm auf den Weg zum Hauptgebäude.

Kopf hoch, es kann nur besser werden, das Schlimmste ist vorbei, jetzt beginnt der normale Wahnsinn.

Damit könnt ich leben, wenn noch was von meinen Nerven übrig wär'.

Und diese Unehrlichkeit, dieses Schauspielern macht mich fertig. Immer musst du noch ein bisschen den Starken zeigen.

An der Tür kommt es zum Stau. Ein Schüler legt ihm die Hand auf die Schulter: „Sie haben trotzdem einen Scheißjob. Mir können Sie nichts erzählen, Kevin ist mein Nachbar."

So sind sie die Jungs: rau und sensibel – aber ich sag dir - dein Mitgefühl fühlt sich gerade Scheiße an – ich ertrag' das nicht.

Müller zwo zuckt mit den Schultern.

„Es geht mal rauf und mal runter – wir schaffen das schon ..."

Bla bla bla ... Irgendwas schaffen bei Kevin? Da müsste man ihm schon was entgegen setzen. In der Größe einer Kalaschnikow.

„Hallo, träumst Du?"
Müller zwo steht vor dem stellvertretenden Schulleiter und schaut ihn entgeistert an.

Es gibt Dinge, die dürfen nicht sein – was habe ich in der BVJ gesagt? Den Stundenplan für morgen sagen wir Euch noch, die Krankheitsvertretung. Warum nicht meine Krankheitsvertretung?! Ich glaub' das nicht ...

„Ich sehe, Du weißt, was jetzt kommt!" Der Stellvertreter zeigt auf den Notizzettel.
Das ist der Plan der BVJ für morgen. Gehst Du in der dritten Stunde rein - dafür fällt Dir die GWS4 weg."

Super, klar, er macht seinen Job. Ich mach' meinen Job. 45 Minuten sind immer gleich lang. Bla bla bla.

„Zeig einen Film oder irgendwas – Du schaffst das schon."

Ich glaub das nicht – das halt ich nicht aus. Morgen früh schreiben sie Mathe – anschließend kriegen sie Deutsch zurück. - - Das gibt die Hölle, da lassen die die Sau raus, wo's nur geht. Und in Reli geht's, das brauchen sie nicht, zählt nicht, interessiert nicht.
Ich will schlafen, einfach nur schlafen und nicht mehr aufwachen.
Was soll ich mich vorbereiten?
Es ist so sinnlos.

Zu Hause macht sich Müller zwo einen großen Espresso mit noch größerem Grappa. Dazu eine gute Zigarette.

Nein, ich bereite nichts vor. Die vierte Klasse fällt weg, der Rest steht und BVJ lohnt sich nicht.

Müller zwo trinkt noch einen Grappa – diesmal ohne Espresso – und legt sich hin.

Nur zehn Minuten schlafen – etwas zur Ruhe kommen.

Wenn es nur einen Trick gäbe, ein Mittel; etwas, womit man sie packen könnte.

Später am Abend ...

Alles dreht sich, es hört nicht auf, wird immer schneller.
Kevin steht grinsend und gibt immer neuen Schwung, der Kreisel wird immer schneller.
Ich muss da raus, weg von hier, Schluss, Aus, Amen, Ende.
Ich steh' auf und stelle fest, dass ich nur den Schlafanzug anhabe, alle lachen, die ganze Klasse – es ist das Klassenzimmer der BVJ. Die Wände schwanken.
Ich will was anziehen – dass die ganze Klasse grölt, stört mich nicht, es verletzt. Die Störung ist vorbei, es bleibt nur der Schmerz und die Angst.
Kevin wirft mir ein Kleidungsstück nach dem anderen zu und mit jedem Stück habe ich weniger an, bis ich nackt dastehe.
Die Tür! Sie geht nicht auf. Bewegt sich nicht – ich bin eingeschlossen. Ich rüttle an der Tür ohne jegliche Wirkung. Irgendwann merke ich, dass die Wände verschwunden sind und die Schüler; nur Kevin sitzt am Pult.

Ich will weg, versuche, um die Tür herumzugehen, aber mit jedem Schritt versinke ich in weicherem Boden; er verschluckt mich wie Morast, ich sinke immer tiefer bis zu den Knien, dem Bauch ...

Später ...

Ich kann nicht mehr, ich will nicht mehr. Es muss ein Ende haben.
Schlimmer als die BVJ (unglaublich, dass es noch schlimmer geht!!) sind die Träume.

...

Um die Zeit vor Unterrichtsbeginn streunt Kevin immer durch die Kellerräume – wahrscheinlich auf der Suche nach Verwertbarem.
Wo ist der Strick?
Keinen Tag mach ich das mehr mit.
Du wirst büßen; mit mir machst du das nicht mehr.
...
Da jetzt kommt er.
Schnell die Schlinge.

...

...

218

Drei Monate später konnte Kevin in die offene Abteilung der Psychiatrie verlegt werden. Er hatte sich nie von dem Schock erholt, seinen Lehrer erhängt im Keller zu finden.

Müller zwo ist auf dem Weg in den Pausenhof, er hat Aufsicht.

Vor der Tür steht eine Schülerin und raucht – direkt vor dem Haupteingang. Er weiß, sie wird Lisa genannt.

„Sie wissen, dass Sie hier nicht rauchen dürfen; gehen Sie doch bitte in die Raucherzone. Hier vor dem Haupteingang zieht der ganze Rauch ins Haus."

Murrend macht die Schülerin die Zigarette aus.

Am nächsten Morgen sieht er sie wieder, wieder mit Zigarette vor dem Haupteingang.

„Bitte machen Sie die Zigarette aus!"

Müller zwo wird schon etwas nachdrücklicher.

Die Schülerin meckert, macht aber ihre Zigarette aus.

Als Müller zwo am darauffolgenden Tag auf dem Weg zum Auto ist, steht Lisa wieder an ihrer Stelle, mit Zigarette!

„Ich muss das jetzt dem Klassenlehrer melden."

Müller zwo ist etwas ratlos. Normalerweise genügt eine Ermahnung und eine passende Begründung.

Der Klassenlehrer zuckt mit den Schultern: „Ich hab's ihr schon mehrmals gesagt – ich red noch mal mit ihr."

Einige Tage später trifft Müller zwo wieder auf Lisa – wieder mit Zigarette – wieder vor dem Haupteingang.
„Ich werde das jetzt der Schulleitung melden!"
Achselzucken und Grinsen von Seiten Lisas.
Der stellvertretende Schulleiter bestätigt, dass sie ihm schon aufgefallen ist. „Aber ich hab' sie noch nie mit einer Zigarette gesehen."

Montag früh – Müller zwo hat noch genügend Zeit vor Unterrichtsbeginn.
Vor dem Haupteingang steht wieder Lisa – natürlich mit Zigarette.
„Ich finde Ihr Verhalten äußerst unverschämt. Ich habe Sie bereits mehrmals auf das Rauchverbot hingewiesen!"
Müller zwo geht direkt zum Schulleiter, schildert den Fall. Er wünscht sich Unterstützung.
Der Schulleiter zuckt mit den Schultern und schüttelt den Kopf. „Das ist eindeutig ein Fall für die Klassenkonferenz."
„Ich habe da keinen Einfluss drauf, ich unterrichte nicht in der Klasse", antwortet Müller zwo.

„Dann gehen Sie am besten zum Klassenlehrer, damit der das in die Wege leitet!"

Als Müller zwo am darauffolgenden Tag auf dem Weg zum Auto ist, steht Lisa wieder an ihrer Stelle, mit Zigarette.
„Ich muss das jetzt dem Klassenlehrer melden."
Müller zwo ist etwas ratlos. Normalerweise genügt eine Ermahnung und eine passende Begründung.

Der Klassenlehrer zuckt mit den Schultern: „Ich hab's ihr schon mehrmals gesagt – ich red nochmal mit ihr."

Einige Tage später trifft Müller zwo wieder auf Lisa – wieder mit Zigarette – wieder vor dem Haupteingang.
„Ich werde das jetzt der Schulleitung melden!"
Achselzucken und Grinsen von Seiten Lisas.
Der stellvertretende Schulleiter bestätigt, dass sie ihm schon aufgefallen ist. „Aber ich hab' sie noch nie mit einer Zigarette gesehen."

Montag früh – Müller zwo hat noch genügend Zeit vor Unterrichtsbeginn.
Vor dem Haupteingang steht wieder Lisa – natürlich mit Zigarette.

„Ich finde Ihr Verhalten äußerst unverschämt. Ich habe Sie bereits mehrmals auf das Rauchverbot hingewiesen!"

Müller zwo geht direkt zum Schulleiter, schildert den Fall. Er wünscht sich Unterstützung.

Der Schulleiter zuckt mit den Schultern und schüttelt den Kopf. „Das ist eindeutig ein Fall für die Klassenkonferenz."

„Ich habe da keinen Einfluss drauf, ich unterrichte nicht in der Klasse", antwortet Müller zwo.

„Dann gehen Sie am besten zum Klassenlehrer, damit der das in die Wege leitet!"

Als Müller zwo am darauffolgenden Tag auf dem Weg zum Auto ist, steht Lisa wieder an ihrer Stelle, mit Zigarette.

„Ich muss das jetzt dem Klassenlehrer melden."

Müller zwo ist etwas ratlos. Normalerweise genügt eine Ermahnung und eine passende Begründung.

Der Klassenlehrer zuckt mit den Schultern: „Ich hab's ihr schon mehrmals gesagt – ich red' nochmal mit ihr."

Einige Tage später trifft Müller zwo wieder auf Lisa – wieder mit Zigarette – wieder vor dem Haupteingang.

„Ich werde das jetzt der Schulleitung melden!"
Achselzucken und Grinsen von Seiten Lisas.
Der stellvertretende Schulleiter bestätigt, dass sie ihm schon aufgefallen ist. „Aber ich hab' sie noch nie mit einer Zigarette gesehen."

Montag früh – Müller zwo hat noch genügend Zeit vor Unterrichtsbeginn.
Vor dem Haupteingang steht wieder Lisa – natürlich mit Zigarette.
„Ich finde Ihr Verhalten äußerst unverschämt. Ich habe Sie bereits mehrmals auf das Rauchverbot hingewiesen!"
Müller zwo geht direkt zum Schulleiter, schildert den Fall. Er wünscht sich Unterstützung.
Der Schulleiter zuckt mit den Schultern und schüttelt den Kopf. „Das ist eindeutig ein Fall für die Klassenkonferenz."
„Ich habe da keinen Einfluss drauf, ich unterrichte nicht in der Klasse", antwortet Müller zwo.
„Dann gehen Sie am besten zum Klassenlehrer, damit der das in die Wege leitet!"

Als Müller zwo am darauffolgenden Tag auf dem Weg zum Auto ist, steht Lisa wieder an ihrer Stelle, mit Zigarette.
„Ich muss das jetzt dem Klassenlehrer melden."

Müller zwo ist etwas ratlos. Normalerweise genügt eine Ermahnung und eine passende Begründung.

Der Klassenlehrer zuckt mit den Schultern: „Ich hab's ihr schon mehrmals gesagt – ich red nochmal mit ihr."

Einige Tage später trifft Müller zwo wieder auf Lisa – wieder mit Zigarette – wieder vor dem Haupteingang.
„Ich werde das jetzt der Schulleitung melden!"
Achselzucken und Grinsen von Seiten Lisas.
Der stellvertretende Schulleiter bestätigt, dass sie ihm schon aufgefallen ist. „Aber ich hab' sie noch nie mit einer Zigarette gesehen."

Montag früh – Müller zwo hat noch genügend Zeit vor Unterrichtsbeginn.
Vor dem Haupteingang steht wieder Lisa – natürlich mit Zigarette.
„Ich finde Ihr Verhalten äußerst unverschämt. Ich habe Sie bereits mehrmals auf das Rauchverbot hingewiesen!"
Müller zwo geht direkt zum Schulleiter, schildert den Fall. Er wünscht sich Unterstützung.

Der Schulleiter zuckt mit den Schultern und schüttelt den Kopf. „Das ist eindeutig ein Fall für die Klassenkonferenz."

„Ich habe da keinen Einfluss drauf, ich unterrichte nicht in der Klasse", antwortet Müller zwo.

„Dann gehen Sie am besten zum Klassenlehrer, damit der da in die Wege leitet!"

Als Müller zwo am darauffolgenden Tag auf dem Weg zum Auto ist, steht Lisa wieder an ihrer Stelle, mit Zigarette.

„Ich muss das jetzt dem Klassenlehrer melden."

Müller zwo ist etwas ratlos. Normalerweise genügt eine Ermahnung und eine passende Begründung.

Der Klassenlehrer zuckt mit den Schultern: „Ich hab's ihr schon mehrmals gesagt – ich red nochmal mit ihr."

Einige Tage später trifft Müller zwo wieder auf Lisa – wieder mit Zigarette – wieder vor dem Haupteingang.

„Ich werde das jetzt der Schulleitung melden!"

Achselzucken und Grinsen von Seiten Lisas.

Der stellvertretende Schulleiter bestätigt, dass sie ihm schon aufgefallen ist. „Aber ich hab' sie noch nie mit einer Zigarette gesehen."

Montag früh – Müller zwo hat noch genügend Zeit vor Unterrichtsbeginn.

Vor dem Haupteingang steht wieder Lisa – natürlich mit Zigarette.

„Ich finde Ihr Verhalten äußerst unverschämt. Ich habe Sie bereits mehrmals auf das Rauchverbot hingewiesen!"

Müller zwo geht direkt zum Schulleiter, schildert den Fall. Er wünscht sich Unterstützung.

Der Schulleiter zuckt mit den Schultern und schüttelt den Kopf. „Das ist eindeutig ein Fall für die Klassenkonferenz."

„Ich habe da keinen Einfluss drauf, ich unterrichte nicht in der Klasse", antwortet Müller zwo.

„Dann gehen Sie am besten zum Klassenlehrer, damit der das in die Wege leitet!"

„Haben wir nachher Reli?"

„Ich kapier den Vertretungsplan nicht!"

„Warum fällt Schmied aus!?"

„Wann haben wir wieder Deutsch?"

„Haben Sie unsere Arbeiten korrigiert?"

„Welche Note hab' ich?"

„Fällt Reli wieder aus?"

„Warum fällt Reli nicht aus?"

„Stimmt das, dass Schmied in der Klapse ist?"

„Müssen wir unbedingt in den Betrieb?"

„Kann man uns keine Stillbeschäftigung geben?"

„Warum wurde die Raucherzone verlegt?"

„Ich will nicht schon wieder Stillbeschäftigung ..."

„Warum darf ich hier nicht rauchen?"

„Haben Sie mich gestern nicht gesehen?"

„Ein Gruß von meinem Freund soll ich sagen."

„Kennen Sie einen Kevin?"

„Stimmt das, dass Müller eins krank ist?"

„Wann haben wir wieder Deutsch?"

„Warum fällt nie Reli aus?"

„Ich find blöd, dass hier keine Bänke sind."

„Kann ich nachher früher gehen?"

„Haben Sie unsere Sachen schon angeguckt?"

„ Ich muss zum Zahnarzt!"

„Kann ich mal mit Ihnen reden ...? Ich kenn da einen ..."

„Wann kommt Schmied wieder?"

„Der Vertretungsplan ist auch dauernd anders!"

„Kann die Schule keinen anständigen Stundenplan machen?"

„Ist das o.k., dass die Lehrer immer krank machen?!"

„Warum haben wir keine Mittagspause?"

„Können Sie mir das kopieren?"

„Ist der Herr Schulze da?"

„ Können Sie das der Frau Meier ins Fach legen?"

„Ich hab' gedacht, wir kriegen einen neuen Deutschlehrer?!"

Es klingelt.

So, die Pause ist schon rum. Wenigstens konnte ich mich etwas erholen.

Es gibt Geschichten, die sind so absurd, die kann man gar nicht erfinden – und so ist es auch mit Müller zwo.

Sowohl Personen, als auch Handlungen haben reale Vorbilder, sind wirklich so passiert. Und (ich hab's gerade nochmal gelesen) es ist nicht einmal übertrieben.
Ich bin froh, dass es Müller zwo gibt, so kann ich sicher sein, dass mich in solchen Situationen wenigstens einer versteht.

Ich habe übrigens die Konsequenzen gezogen; ich habe die Schulleitung gebeten, keine Berufsvorbereitung mehr unterrichten zu müssen (ich glaube, es war bald nach „Kevin").
Es ging lange, bis die Belastung nachließ, vor allem weil mich die Realität immer wieder mal einholte: Einzelne Schüler aus diesen Klassen schafften es (in der Regel nach einigen Zwischenschritten, die Jahre dauerten) eine Ausbildung zu machen.
Wenn die wenigen dann in der Berufsausbildung waren, erreichten sie meist auch den Abschluss. Das ist nicht das Problem; das macht mich stolz.
Das Problem ist, dass mich die Machtlosigkeit, die Beliebigkeit der Zukunftschancen, die Zufälligkeit des Lebens wieder einholte.
Und das Leben sagt mir dann: „Gegen mich hast du Wicht keine Chance.

fertiggestellt November 2019

Berufsjahre 02 – 11

So, meine Lieben, ich merke, das Meiste ist geschafft; aber in Wirklichkeit kommen einige großen Brocken erst jetzt. Bisher war's eigentlich nicht lustig (wenigstens nicht so oft), aber jetzt wird's ernst. Also erschreckt nicht, denn ich wurde ziemlich krank. Aber zuerst möchte ich noch etwas über's Fahrradfahren erzählen. Ihr werdet noch merken, warum!

Ich war damals ziemlich viel mit dem Fahrrad unterwegs, das lag unter anderem auch am fehlenden Zweitwagen. Ich fuhr etwa 10 000 km im Jahr - die Entfernung, die ich auch heute mit dem Auto zurücklege – und genau die Strecken bin ich zu dieser Zeit ebenfalls gefahren: zur Arbeit, Besuche, Erledigungen – eigentlich alles.
Damals war bei den Radwegen eigentlich alles vertreten: Waldwege, Feldwege, Gehwege, Schotterpisten, auch Umwege mit erzwungenem Absteigen und Stoppstellen. Nur Asphaltwege, die waren selten. Heute sind einige der damaligen Verbindungen asphaltiert, und in der Politik spricht man vom kreuzungsfreien Radschnellweg. Das hätte ich mir damals auch gewünscht.

Im Frühjahr 2002 entschlossen wir uns endlich für ein weiteres Auto und das Radfahren hörte völlig auf, aber nur zum Teil wegen der neuen Anschaffung. Der Hauptgrund waren schlimme Rückenschmerzen.

Es folgte eine lange, aufreibende Zeit der Krankheit. Ich will aber von Anfang an erzählen …

✪

Nachdem mehrere Ärzte erfolglos nach dem Grund für die wachsenden Beschwerden suchten (oder Fehldiagnosen stellten), wurde ich ins Krankenhaus eingewiesen - beziehungsweise in mehrere - auch hier ging die frustrierende und erfolglose Suche weiter.

Der Durchbruch kam erst nach Monaten. Nach mehreren Klinikaufenthalten (immer ohne Ergebnis) startete mein Hausarzt (im Grunde ein einfacher Landarzt) einen weiteren Versuch: er überwies mich wieder ins Krankenhaus, aber diesmal in die innere Abteilung (mit anderer Diagnose „Fieberschübe“: jeden Abend innerhalb 30 Minuten bis 40° und wieder runter).

Erst jetzt, mit einer anderen Herangehensweise kam man der Sache näher. Es musste einen Entzündungsherd geben, eventuell an der Wirbelsäule. Genau wusste es noch keiner - auch nicht das Ausmaß. Ausgelöst wurde er vermutlich durch eine nicht auskurierte Halsentzündung. Aber auch das stellte sich erst später heraus.

Nach insgesamt sieben Monaten wurde ich dann endlich (nach mehreren erfolglosen anderen Therapieversuchen) operiert: ein Lendenwirbel war komplett zerstört, zwei weitere zur Hälfte. Sie wurden dann durch ein Implantat ersetzt.

Das klingt jetzt sachlich und überschaubar; in Wirklichkeit war es alles andere als das: Der Arzt wusste vor der Operation tatsächlich nicht, was ihn an meiner Wirbelsäule erwartete – und ich wusste nicht, was auf mich zukommen und wie es danach aussehen würde.

Die Krankheit stellte eine riesige Herausforderung dar, wie ihr Euch sicher vorstellen könnt.

Zuerst einmal fehlte ein Gehalt, beziehungsweise es reduzierte sich auf das Krankengeld. Dies war im Moment nicht so schlimm, denn Oma hatte wieder angefangen voll zu arbeiten und sie wirtschaftete nach wie vor sehr sparsam (da sie ja nicht wusste, wie's weitergeht).

Ich sage „**sie** wirtschaftete", denn ich fiel komplett aus und war die meiste Zeit in Krankenhäusern und alles Weitere stand in den Sternen: Würde ich wieder gesund, wenn ja, wie? Im Rollstuhl, arbeitsfähig …? Irgendwann tauchte der Gedanke auf, dass eine Querschnittslähmung oder gar der Tod die Folge sein könnte. Zwar war uns das irgendwie bewusst, aber ich glaube, wir waren noch lang im Modus „Das passiert nur den anderen"!

Jetzt, wo ich die Zeit nochmals Revue passieren lasse, fällt mir das Wort „Respekt" ein – oder besser gesagt – fehlender Respekt.

Keine Angst!

Ich komme nicht mit der alten Leier, die Jugend von heute habe keinen Respekt und so. Ich weiß, dass dies so nicht stimmt.
Ich denke, eher **mir** fehlte es an Respekt.

Ich fühlte mich bis dahin voll leistungsfähig, fast unschlagbar, und um etwas zu erreichen, schien es zu genügen, es einfach nur zu wollen.
Dies lässt sich an einem Beispiel gut aufzeigen: Wenn ich mit dem Fahrrad in die Alpen fuhr, konnte kein Pass hoch genug sein; es gab Überlegungen, die wichtig waren, aber das waren Straßenbelag und Übernachtungsmöglichkeit. Respekt gehörte nicht dazu!
Kein Respekt vor der körperlichen Belastung, der Gefahr, der Gesundheit, dem Wetter; es zählte einzig der eigene Wille, die Ziele, die ich mir setzte und auch erreichen wollte. Einmal war ich auf einer Vier-Pässe-Tour; dass ich hier mit meinem schweren Rad (und dem kompletten Gepäck) an irgendwelche Grenzen kommen könnte, war kein Gedanke. Auch das Wetter hatte sich gefälligst nach mir zu richten (und Leute, die mich warnten, waren „Weicheier und Warmduscher"). Aber das Wetter hatte andere Pläne und ich war nach dem zweiten Pass völlig durchnässt. Auf dem dritten Pass (denn natürlich fuhr ich weiter) kam ich dann in ein Schneetreiben und musste nass und in kurzen Hosen abfahren. Letztlich musste ich die Tour abbrechen und einen Gasthof zum Übernachten suchen – aber ich glaube nicht, dass ich wirklich begriffen hatte.

Genauso wie früher bei den Fahrradtouren ging ich jetzt mit meiner Erkrankung um: das Ziel war, so schnell wie möglich wieder voll leistungsfähig zu sein (und auch meine nächste Tour plante ich schon). Ich rechnete nicht in Jahren, nicht einmal in Monaten, sondern in Tagen oder allenfalls Wochen. Das Ergebnis waren Rückschläge und Komplikationen, viele Monate Liegen und ein Jahr Gipskorsett (und letztlich 18 Monate Krankschreibung – mehr geht nicht; dann kommt die Rente – ich war aber doch erst 45 Jahre alt!).

Hier zeigt sich die wahre Arroganz und Respektlosigkeit. Alles schien reparierbar und hatte meinem Willen zu gehorchen: Mein Körper, der Krankheitsverlauf, genauso wie das Wetter und die körperliche Leistungsfähigkeit bei der Fahrradtour. Und dieses Verhalten ist auch im Allgemeinen bei vielen Menschen keine Seltenheit.
Mit der Umwelt, in der Politik und auch mit zwischenstaatlichen Konfliktherden (um den Bogen weiter aufzuspannen) gehen wir ja genauso um: wir haben ein Ziel, das Richtige beschlossen (oder beschlossen, was richtig zu sein hat!) und diesen Weg gehen wir, als sei nichts gewesen (mit unserem Körper, wie auch mit dem Klima, dem Frieden, der Umwelt, dem Atommüll, dem Fracking, dem Straßenbau, Rohstoffen, Vorstellungen von Demokratie und Moral …).
Wir verfolgen diesen Weg – einzig, weil wir beschlossen haben, dass er richtig ist. Dabei geht es nicht um das Ganze, die Folgen oder die Zukunft – sondern nur um unseren Willen.

Sicher, es ist nicht immer so, aber ich meine doch, dass es ein weitverbreitetes Verhalten ist.

Das meine ich mit Respektlosigkeit – und nicht die Frage, ob ein Jugendlicher mir die Tür aufhält oder im Bus einen Platz anbietet.

Heute bin ich mir nicht sicher, ob ich es begriffen hatte, denn einen Gedanken zu formulieren **und** auch nach ihm zu handeln sind zwei verschiedene Dinge; das merke ich jeden Tag – und am meisten an mir selbst. Ich würde mir wünschen, dass wir auch den Jugendlichen und jungen Erwachsenen diese Erkenntnis zubilligen würden; dann wären eine Menge Konflikte aus der Welt.

Übrigens: Nach fünf Jahren, stieg ich wieder auf's Fahrrad um vor meinem fünfzigsten Geburtstag nochmal einen Pass zu fahren – ohne Training, ohne Vorbereitung, in relativ schlechter körperlicher Verfassung; ich hatte nicht mal ein vernünftiges Ziel: ich wollte einfach nur irgendetwas beweisen, mir oder anderen, ich weiß es nicht.

Nein, begriffen hatte ich nichts.

Nach meiner „Gesundschreibung" war mein erster Gedanke an das neue Schuljahr und Pläne und, und, und … Voll arbeitete ich aber erst wieder 2005 oder 2006, und auch hier wollte ich einfach nur mir selbst und anderen zeigen, dass mit mir noch zu rechnen ist.
Heute habe ich endlich (seit einigen Jahren) mein Deputat reduziert und es ist gut so.

✪

Mein Religionsunterricht war immer überkonfessionell oder, besser gesagt, interreligiös, das heißt, reinen katholischen Unterricht gab es bei mir tatsächlich nie.

Im Grunde ist das heute der Normalfall in der Berufsschule (und nicht nur dort). Sowohl Schüler und Lehrer als auch die Schulleitungen sind damit zufrieden.

Irgendwann gab es dann aber doch Reklamation wegen dieses interkonfessionellen Unterrichts.

Wie wir das gelöst haben, bleibt wohl im Dunkel der Geschichte verborgen und unser Geheimnis.

Tatsache ist, dass es weiterging wie bisher: Religionsunterricht im Klassenverband; wir (die Religionslehrer) unterrichten alle Schüler der Klasse, außer den wenigen, die austreten.

Ich erzähl das aber aus einem anderen Grund, denn ich möchte von einer kleinen Episode einer Sitzung der MAV (Mitarbeitervertretung kirchlich angestellter Religionslehrer – sie entspricht in etwa dem Personalrat) berichten.

Ein Tagesordnungspunkt der Sitzung war die „Konfessionelle Kooperation im Religionsunterricht an allgemeinbildenden Schulen in Baden-Württemberg" (zugegeben, ein etwas sperriger Titel). Mit anderen Worten: es ging genau um das Thema, das auch mich beständig umtrieb – um den gemeinsamen Religionsunterricht.

Das neue Modell wurde genau vorgestellt und erläutert; es stellte sich als doch nicht so einfach heraus und es wurde eine ganze Weile referiert und debattiert – aber das soll uns hier nicht weiter interessieren. Insgesamt war es ein organisatorisches Monster, berücksichtigt wurden nur Schüler und Schülerinnen katholischer oder evangelischer Konfession, und vor allem betraf es ausschließlich die allgemeinbildenden Schulen. Die berufsbildenden Schulen, wo diese Thematik seit Jahrzehnten bestand, waren kein Thema.

Während dieser Diskussion entwickelte sich ein Gespräch zwischen einem Religionslehrer einer Berufsschule (RL) und dem offiziellen Vertreter des Ordinariats (Ord). Natürlich habe ich den wörtlichen Ablauf nicht mehr im Kopf, aber sinngemäß ist noch alles präsent:

> *RL: Sie sprechen von allgemeinbildenden Schulen; wie verhält es sich an den beruflichen Schulen?*
> *Ord: Für das berufliche Schulwesen besteht gegenwärtig kein Konzept und ist auch nicht in Bearbeitung.*
> *RL: Das heißt also, für das berufliche Schulwesen gibt es keine entsprechende Änderung?*
> *Ord: Nein, das Modell betrifft ausschließlich allgemeinbildende Schulen.*
> *RL: Dann bleibt im beruflichen Schulwesen alles beim Alten?*
> *Ord: Richtig dort ändert sich nichts.*
> *RL: Dann machen wir also weiter wie bisher?*
> *Ord: Genau.*

Ein Grinsen ging durch den Saal; denn allen Anwesenden war klar, was es bedeutet „weiter wie bisher" zu machen: wir machten bisher Religionsunterricht im Klassenverband und damit machten wir auch weiter (obwohl es den interreligiösen Religionsunterricht offiziell ja gar nicht gibt).

Die Episode ist in vieler Hinsicht typisch: Zum Einen beschäftigt sich die Kirchenleitung mit Dingen, die eigentlich längst erledigt sein sollten (gemeinsamer Religionsunterricht von Katholiken und Protestanten) und ignoriert das, was eigentlich ansteht (Umgang mit anderen Religionen, interreligiöser Dialog); zum anderen ist hier gut zu erkennen, dass die Basis der Leitung deutlich voraus ist; außerdem zeigt sich hier herrlich die Ahnungslosigkeit und vor allem die Realitätsferne mancher Menschen.
Und für eine weitere Besonderheit ist die Situation typisch: Der eigentliche Konflikt wird nicht ausgetragen, sondern bleibt hinter kryptischen Formulierungen verborgen. Heute finde ich das ganz schön feige.

Ich habe berichtet, wie in vielen Bereichen der Schule mit der „Angst-Pädagogik" gearbeitet wurde und mit dem Motto: „Der Lehrer hat immer recht".
Es dauerte sehr lange, bis ein Wandel spürbar wurde; wenn ich's mir recht überlege, war eine Änderung erst wahrnehmbar, als ein Großteil des Kollegiums durch jüngere ersetzt worden war.

Um zu veranschaulichen, wie überholt die Idee vom all-
wissenden Schulmeister ist, möchte ich einige Lehrer-
weisheiten einfach auf den Kopf stellen und schauen, was
passiert:

„Die Schüler lernen von den Lehrern!

 ↰ Lehrer lernen von Schülern" Ja, auch Lehrer
können lernen, das müssen sie sogar, und auch
Schüler haben Kenntnisse, die für den Lehrer
wertvoll und wichtig sein können.

„Essen und Trinken haben im Unterricht nichts verloren!

 ↰ Schüler entscheiden selbst, was den Unterricht
stört!" Es ist mir passiert, dass mich ein Schüler
im ersten Lehrjahr einmal fragte, ob er etwas essen dürfe; ich erlaubte es ihm, unter der Voraus-
setzung, dass es nicht störe. (Er saß übrigens direkt vor mir, zwei Meter entfernt.) Er hat dann
tatsächlich von seinem Apfel und einem Brot ab-
gebissen – ich habe es nicht einmal bemerkt und
tatsächlich hatte auch seine Unterrichtsbeteili-
gung nicht darunter gelitten.

„Schmutzige Witze darf ein Lehrer nicht dulden!"

 ↰ Auch hier entscheiden Schüler selbst: Ich stand
einmal in der Pause mit den Schülern im Pausenhof, als einer aus der Gruppe fragte ob ich einmal
einen schmutzigen Witz hören wolle; ich antwor-
tete, dass er selbst entscheiden müsse, ob der
Witz noch akzeptabel wäre oder eine Grenze

überschreite. Ich wurde auch hier nicht enttäuscht.

Natürlich klappt das nur, wenn ich das Alter und die Reife des Jugendlichen berücksichtige – aber das sollte ein Lehrer eigentlich immer!

Hier ein ganz alltägliches Beispiel:
Als Raucher (das ist auch kein vorbildliches Verhalten) stehe ich oft am Morgen in der Raucherzone mit meinen Schülern zusammen. Wenn sie morgens langsam eintröpfeln, begrüßen sie sich oft mit einer angedeuteten Umarmung, mit Handschlag oder auf andere jugendgemäße Weise. Wenn ich dabei bin, ist es selbstverständlich, dass ich auch begrüßt werde und zwar auf angemessene Weise: mit Handschlag. Manchmal, vor allem bei neuen Schülern, spüre ich ein leichtes Zögern; aber auch das ist Zeichen von Höflichkeit: sie wollen mich nicht in Verlegenheit bringen und selbst nicht verletzt werden.
Tatsächlich wird die ausgestreckte Hand aber gerne ergriffen. Ich finde das Bild der „ausgestreckten Hand" ein passendes Bild für das Verhältnis von Schülern und Lehrern und ich genieße diese Situationen, denn sie vereinen beides: Akzeptanz und Respekt – und zwar gegenseitig!

Ich bin jetzt 62 Jahre alt und genauso lang höre ich das Gerede, die Jugend hätte keinen Anstand, und das macht mich wütend. Es stimmt so nicht und so pauschal erst recht nicht. Ich erlebe die Jugend meist als sehr höflich, rücksichtsvoll und einsichtig. Argumenten und Begründungen gegenüber sind sie fast immer aufgeschlossen.

Wer grundsätzlich andere Erfahrungen macht, sollte einmal das eigene Verhalten überprüfen: Schüler orientieren sich an Vorbildern; stimmt das Schülerverhalten nicht, ist vielleicht auch am Lehrerverhalten nicht alles korrekt.

Ich merke, dass ich wieder allzu sehr in die Lehrerrolle geschlüpft bin. Hoffentlich könnt Ihr mir das nachsehen; ich werde mir Mühe geben, mich wieder auf Tatsachen und Fakten zu konzentrieren.

Nicht nur in der Gesellschaft, auch speziell in den Kirchen war in dieser Zeit eine deutliche Bewegung spürbar: Die Kirche meldete sich immer öfters auch zu politischen Themen zu Wort, so zum Beispiel in der Friedenspolitik, der Umwelt, der Migrationsthematik, der Toleranz gegenüber anderen Religionen und bei anderen Themen.

Ursprünglich war die Mehrheit der Kirchenkreise traditionell eher konservativ (wobei man das so pauschal nicht sagen kann: es gab immer kritische Geister und „Querdenker" – auch in der Kirche). Langsam und unmerklich – aber im Ergebnis deutlich erkennbar – änderte sich das Selbstverständnis der Religionen insgesamt und vor allem der Gläubigen, die ja in erster Linie die Religion erst ausmachen.

Ich überlege gerade, wie das kam und stelle fest, dass es (auch) mit unserer eigenen Geschichte zu tun hat: Wir wollten damals die Welt retten oder doch wenigstens verändern, mit der Jugendarbeit, der Friedensbewegung und all den Aktivitäten. Damals dachten wir, wir hätten nichts (oder nicht viel) erreicht, und ich kann mich noch gut an das Gefühl der Frustration erinnern. Aber die ehemals jungen Aktivisten in den Siebzigern, den Achtzigern und den Neunzigern wurden langsam älter und die Probleme verschwanden eben nicht. Aber sie wurden wahrgenommen und zwar von immer größeren Kreisen der Gesellschaft, auch der Kirche.

Ich möchte ein paar Beispiele für diese Veränderung nennen:

Das Kirchenasyl wurde wieder belebt und manche Pfarrer legten sich in dieser Frage auch mit den Gerichten an.

Migranten- oder Flüchtlingsarbeit wird zu einem erheblichen Teil von Seiten der Kirche getragen.

Als man etwa in dieser Zeit versuchte, das Kopftuch bei Lehrerinnen zu verbieten, hatte die muslimische Glaubensgemeinschaft mit der Kirche einen klaren Mitstreiter. (Ich erinnere mich daran, dass ich damals ankündigte, im Falle eines Kopftuchverbotes für muslimische Lehrerinnen zukünftig nur noch mit Kopftuch zu erscheinen.)

Friedenspolitik und Entwicklungshilfe, genauso wie Umweltarbeit werden heute selbstverständlich von den Kirchen mitgetragen. Gläubige (und auch Teile der Kirchenleitung) melden sich zu diesen Themen zu Wort und beziehen klar Stellung.

Ich könnte die Liste fortführen; neben großen, spektakulären Aktionen gibt es auch unzählige kleine unauffällige Dinge, wo Christen im Alltag, ihre Meinung sagen oder sich für eine bessere und menschenwürdigere Welt einsetzen.

✪

Aber nicht nur im Bereich der Kirche tat sich etwas. Auch in der Gesellschaft als Ganzes und vor allem in der Politik wehte ein neuer Wind.

Im Jahr 2007 kandidierte Obama zum Amt des amerikanischen Präsidenten und wurde 2009 zum ersten schwarzen Präsidenten der Vereinigten Staaten von Amerika gewählt. Wenige Jahre vorher wäre das völlig ausgeschlossen gewesen, vor allem wenn man bedenkt, dass die Rassentrennung erst 1964 in allen zivilen Bereichen der US-amerikanischen Gesellschaft (offiziell) aufgehoben wurde. Die tatsächliche Diskriminierung dauert bis heute an. (Aber auch dieser Präsident beendete nicht die völkerrechtswidrige Folterpraxis in den US-amerikanischen Gefangenenlagern und die vielen Kriege, in denen die USA verwickelt war.)

Angela Merkel wurde 2005 zur ersten Bundeskanzlerin der Bundesrepublik Deutschland. In ihrem Kabinett war Wolfgang Schäuble, der nach einem Attentat an den Rollstuhl gefesselt war. Beides war ein Novum.

2001 sagte Klaus Wowereit den berühmten Satz „Ich bin schwul – und das ist auch gut so" im Zusammenhang mit seiner Wahl zum Regierenden Bürgermeister von Berlin. Er war übrigens nur der erste, der sich offen zu seiner Homosexualität bekannte; viele sollten folgen. Heute wird das Thema ziemlich unverkrampft behandelt.

In diesen Zusammenhang passt auch die Tatsache, dass ich drei Schülerinnen hatte, die sich einer Geschlechtsumwandlung unterzogen und offen damit umgingen. Sie begannen die Ausbildung als Frau und beendeten sie als Mann. Dass dies einfach so möglich war, ist sicher auch dem Satz von Wowereit zu verdanken.

Es geht also voran, zwar langsam, aber deutlich und die Bewegung kommt aus der Bevölkerung.

Neuerungen sind oft gescheitert, weil sie von oben kamen – zum Beispiel die Vision vom Sozialismus in der DDR – anstatt aus dem Volk, wie beim Mauerfall.

2005 machte ich den Bachelor in Psychologie, mit den Nebenfächern Pädagogik und Politik (mit Mühe und Not) und beendete endlich mein Zweitstudium. Es war dann zum Schluss auch nur eine 3,4, aber ich war froh und stolz (nicht auf die Note, sondern auf den Abschluss) und die erworbenen Kenntnisse waren eine wertvolle Ergänzung zur Schule. Mit den Fortbildungen in „Beratung und Begleitung" (zwischen 2003 und 2010), sowie „Geistliche Begleitung" und der Ausbildung zum Meditationsleiter war ich jetzt für die Arbeit in den nächsten Jahren gut gerüstet.

Es sollte sich auch herausstellen, dass die psychosoziale Beratung und Begleitung für die Schule immer wichtiger werden sollte.

Ich kann mich an eine Fortbildung erinnern, in der ich morgens früh eine Nachricht bekam: Ich solle in der Schule anrufen. Wie sich herausstellte, hatte sich ein Schüler am Vortag das Leben genommen. Plötzlich merkte die Schulleitung, dass tatsächlich keiner für solche Fälle gerüstet war – und am wenigsten wir in der Gewerbeschule.

Ich setzte mich also ins Auto, fuhr umgehend in die Schule und verbrachte den Tag mit der Klasse. Es war für uns alle eine wichtige und auch schmerzhafte Erfahrung: für die Schüler der Klasse in ihrer Ratlosigkeit, für das Kollegium, das die eigene Handlungsunfähigkeit spürte, für die Schulleitung, die das Fehlen eines Konzepts wahrnahm und für mich. Ich erinnere mich an meine widersprüchlichen Wahrnehmungen: Ich fühlte mich gebraucht (ein Gefühl, das ich bisher noch nicht so oft in der Schule wahrgenommen hatte), ich nahm deutlich die Notwendigkeit, zu handeln wahr und über all dem schwebte meine Erstarrung und Hilflosigkeit.

Ein anderes Mal hatte wir vier Todesfälle in einem Jahr. Einer davon war besonders fatal: Eine Schülerin war auf dem Schulweg tödlich verunglückt und die Nachricht wurde auf dem Handy weiterverbreitet, so dass die Klasse vor dem Lehrer Bescheid wusste. Er hat es erst nach Stundenschluss in der Pause erfahren.

Aufgrund dieser Ereignisse haben wir uns in der Schule zusammengesetzt, um abzuklären, wie in Krisen zu verfahren sei. Dies hat sich ausgeweitet bis heute: Wir sind inzwischen gerade im Bereich Krisenmanagement und Krisenbetreuung ganz gut aufgestellt.

Tatsächlich sind es nicht nur Todesfälle, mit denen wir uns konfrontiert sehen, auch private Sorgen und Nöte, Trennungen der Eltern, körperliche, seelische Misshandlungen, sexueller Missbrauch, chronische Krankheiten, Unfälle und dadurch bedingt körperliche Behinderung, übergriffiges Verhalten im Betrieb, Gewalt in der Beziehung und vieles andere mehr wird in die Schule mitgebracht (und all dies war auch Inhalt und Thema von unzählige Einzelgesprächen).

Ein Beispiel möchte ich dazu noch schildern, weil es für mich besonders eindrücklich war.

Ein Schüler einer Klasse fühlte sich wegen seiner Homosexualität gemobbt. Ich weiß nicht, ob er tatsächlich ausgegrenzt wurde - und ob man das, was geschah überhaupt Mobbing nennen kann - Tatsache war, dass er sich mehr und mehr zurückzog. Der Klassenlehrer bat mich um Intervention (das heißt, ich sollte unterstützend eingreifen), gerade im Hinblick auf die bevorstehende Klassenfahrt.

Dies war aber letztlich nicht so einfach, denn der Schüler wollte sich nicht vor der Klasse outen und nahm mir so die Möglichkeit offener Worte oder eines klärenden Gesprächs mit der Klasse. Ehrlich gesagt war ich in der Situation ziemlich ratlos, aber selbstverständlich akzeptierte ich die Vorgaben aus Respekt vor dem Schüler.

Als die Klasse zusammengerufen wurde, wusste wohl jeder, worum es ging (oder ahnte es wenigstens). Da ich das Thema (Homosexualität) aber nicht nennen durfte, musste ich einen anderen Weg wählen: Ich schrieb einen Text (zu einer Bibelstelle) und las ihn einfach vor:

Ich habe nichts gegen Braunhaarige (zu Gen 1,27 und 31)

Ich habe nichts gegen Braunhaarige, nur weil ich selbst keine Haare mehr habe – oder wenig – oder weil ich blond oder schwarzhaarig bin.

Ich habe nichts gegen Liebende, nur weil meine Liebe anders ist oder ich Andere liebe – oder vielleicht aufgehört habe zu lieben.

Und kleine Dicke und Leute mit langen Beinen sind mir alle gleich recht – auch wenn die Art der Bewegung sich von meiner unterscheidet.

Ob Menschen blaue, braune oder grüne Augen haben ist mir völlig egal, die Hauptsache ist, sie sehen **mich** an mit ihren Augen und keine blau-, braun- oder gar rosa gefärbte Welt.

Auch ob jemand lange schlanke oder kurze dicke Hände hat spielt keine Rolle. Mir ist wichtiger, dass er sie mir reicht, wenn ich sie brauche.

Es ist mir nicht wichtig, ob jemand schnell von Begriff ist, eher ein langsamer oder gründlicher Denker: alle kommen irgendwann ans Ziel und dass das Ergebnis unterschiedlich sein wird, ist gut. Denn gerade das brauchen wir: die Vielfalt.

Egal, wen wir ausgrenzen, ob Braunhaarige, Schlanke oder Leute mit dicken Fingern – es ist immer eine Form von Rassismus: wir sagen, dass jemand schlechter ist, aufgrund eines bestimmten Merkmals, das, bei Lichte betrachtet, völlig irrelevant ist.

Und gerade als Religionslehrer lehne ich das entschieden ab. Es wäre eine Anmaßung, wenn ich ein Urteil über Menschen sprechen würde, nur weil Gott sie so geschaffen hat.

Als Menschen ist es unsere Aufgabe, aufzustehen und einzuschreiten, wo Andere nur aufgrund ihrer Haarfarbe, ihrer Augen oder einer anderen Eigenheit diskriminiert werden.

Wir sollten aufstehen und aufschreien, damit mein Nachbar, der vielleicht ähnlich denkt wie ich, nicht alleine ist.

Wir sollten aufstehen und aufschreien, damit auch der Langsame merkt, worum es geht.

Wir sollten aufstehen und aufschreien, damit der mit braunen Haaren merkt, er ist nicht alleine und damit er sich an seiner Haarfarbe erfreuen kann.

Wir sollten aufstehen und aufschreien, damit der Diskriminierer, der Rassist, der, der die Menschen alleine aufgrund der Haarfarbe (oder eines anderen Merkmals) in gut und schlecht aufteilt, merkt, er ist alleine.

Wir sollten aufstehen und aufschreien, damit auch der Letzte merkt, worum es geht und keiner mehr bei dummen und niveaulosen Witzen lacht.

Und wenn Sie fragen, was die Haarfarbe mit der Schule zu tun hat, will ich es Ihnen erklären: die Haarfarbe eines Menschen beeinträchtigt mein Leben nicht, genauso wenig wie die Augenfarbe, die Form seiner Hände oder seine sexuelle Orientierung. Im Gegenteil: es macht mein Leben reicher und bunter und dadurch vielfältiger.

Was mich beeinträchtigt, was mich wirklich von ganzem Herzen stört und mir zutiefst zuwider ist, das ist, wenn Menschen Mist reden oder diskriminieren oder niveaulose Witze machen.

Und Hochachtung habe ich vor jedem, der seine Fehler eingesteht, sich entschuldigt und zukünftig anders handelt – und vielleicht sagt: Ich habe auch einen Kumpel mit braunen Haaren.

Damals war mir nicht wohl in meiner Haut, aber ich sah keinen anderen Weg, also war die Entscheidung letztlich nicht schwer.

Die Klasse (mitsamt dem betroffenen Schüler) hat aber sehr positiv reagiert. Sie waren betroffen, äußerten sich dann aber recht offen und sehr respektvoll zu dem Thema.

Die Klassenfahrt fand übrigens reibungslos statt und es herrschte eine positive und gelöste Stimmung.

Auch an diesem Beispiel zeigt sich: Die Welt ist komplexer geworden und die Probleme haben sich verschoben. Früher war es materielle Not, heute sind es gesellschaftliche Fehlfunktionen, Entwurzelung und Orientierungslosigkeit, die die Menschen aus der Bahn werfen.

Für meine Familie war und ist das nicht immer leicht. Ich brachte Schicksale und familiäre Verwerfungen mit nach Hause und konnte sie nirgends abladen. Natürlich habe ich mit der Oma über manches geredet, aber vieles blieb doch unausgesprochen, weil die Schweigepflicht Diskretion erfordert.

Die Arbeit musste gemacht und die Hilfestellungen geleistet werden, aber die Gesellschaft, das Bildungssystem oder die Schulorganisation sind wenig oder gar nicht darauf vorbereitet. Man wird dann zum hilflosen Helfer und braucht bald selbst Unterstützung.

Dies sollte auch tatsächlich so kommen, aber davon später.

✪

Eigentlich sollte ich jetzt ein frisches Blatt nehmen, denn in meinem, in unserem Leben, wurde ein neue Seite aufgeschlagen: Ihr wurdet geboren, kurz hintereinander – im Abstand von nur 1 ½ Jahren kamen die Mädchen zur Welt und wenig später die Jungs.

Wir (Oma und ich) durften eure Eltern in dieser Zeit begleiten und so haben wir euch tatsächlich schon etwas vor der Geburt kennengelernt.

Was das mit unserem Leben machte, lässt sich nicht beschreiben. Trotzdem habe ich einmal versucht, aufzuschreiben, was Eure Ankunft für mich bedeutete.

Ich habe Euch den Text unten angefügt oder wenigstens einen Teil davon. Es ist ein fiktiver Text, es geht hier alleine um die Gefühle, die Wahrnehmung und vor allem das Neue für uns.

Das Wunder des Lebens

Die beiden lebten in ihrer kleinen Welt.

Aber eigentlich war sie nicht so klein: Sie hatten zwei Autos, zwei Häuser (ein kleines Reihenhaus und ein Ferienhaus in der Toskana), zwei Kinder (aber beide waren schon aus dem Haus), zwei befreundete Ehepaare, zwei Berufe – und – zwei verschiedene Leben.

Eines Tages aber brach in diese kleine Welt (keiner rechnete damit) ein Kind ein, ein hilfsbedürftiges, schreiendes Kind.

Es war wunderschön.

Es war schön, es zu tragen, es war schön, es zu trösten und es war schön, wenn es zufrieden die Hände streckte und die Augen strahlten.

Und alles wurde anders.

Die Nächte wurden kürzer und die Tage länger, angefüllt mit der Erwartung auf den Besuch oder das Wochenende.

Die Monate waren gefüllt mit Entdeckungen und wachsender Veränderung und jede neue Jahreszeit brachte wieder neue Erfahrungen mit allem, was das Leben bereithält:

Das Essenmachen wurde zum Familienfest mit neuen Gerichten und ungeahnten Kombinationen aus immer wieder denselben Zutaten, die Mahlzeit zur Erzählstunde über den Tag und die Nacht, die Fensterscheibe zum Spiegel, der eine neue, ganz andere Welt in sich barg und der Kristall im Windspiel zauberte Bilder und Formen an die Wand, die miteinander um die Wette liefen. Die Gießkanne wurde zum Meer, die Blumen zum Haarschmuck, die Wiesenkräuter zum Salat und der Wald zur Zauberwelt mit Zwergen und Trollen.

Das kleine Haus erfuhr ebenfalls – oft seltsame - Veränderungen: die Betten wurden schmäler, die Küche zu klein und die Regale zu hoch.

Auch die Namen wurden anders: Die beiden hießen plötzlich Ompa und gemeint waren beide, was für sie eine ganz neue Welt war.

Und die Abende wurden anders: Es steckten plötzlich Geschichten in der untergehenden Sonne und die Tage waren Erlebnisse, die wie Schätze in einem Sandkasten mit den Händen freigelegt werden mussten: Erlebnisse mit kleinen Wildschweinen, mit Rehen und Maiskörnern; Erlebnisse mit Wasserpfützen, Bächen und Blättern, die zu Schiffen mit Piraten und Entdeckern wurden; Erlebnisse mit unscheinbaren Flusskieseln, in denen sich Farben verbargen und die Geschichten erzählten.

Die Welt war voller Staunen: Staunen über Farben des Himmels, Staunen über die Kunststücke der Vögel im Sturm, Staunen über den neuen Tag, der wieder neue Erlebnisse brachte.

Wo vorher Alltag war, waren jetzt Wunder und hinter den Wundern kamen immer neue zum Vorschein. [...]

✪

Genauso, wie Ihr - meine Enkel - Euch einen wichtigen Platz in meinen Leben geschaffen habt (und mir immer mehr wunderschöne Erfahrungen schenkt), wurden die Exerzitien ein unverzichtbarer Teil meines Lebens. Vielleicht wisst ihr aber überhaupt nicht genau, was Exerzitien eigentlich sind. Macht nichts, ich wusste es auch nicht. Deshalb ging ich zuerst einmal auf ein oder zwei Wochenendveranstaltungen nach St. Peter um mehr zu erfahren.

Das Kloster St. Peter ist schon lange kein Kloster mehr. Es war lange Zeit Priesterseminar und ist jetzt seit einigen Jahren Geistliches Zentrum. Das heißt, es finden Kurse statt, meist mehrere gleichzeitig. Es ist zwar ein Ort der Meditation, aber gleichzeitig auch mit Leben gefüllt — eben mit geistlichem Leben. Manchmal waren über hundert Gäste im Haus.

Ein Wochenendkurs geht in der Regel mit einer kurzen Führung durch die Klosteranlage los. Hier lernt man die vielen Orte kennen, an denen man sich zurückziehen kann. Die Anlage ist riesig; es gibt drei große Gärten: ein Gemüsegarten, ein Obstgarten und eine Wiese, dazu noch zwei Innenhöfe. Das Ganze ist von einer Mauer umschlossen, die von innen normale Höhe hat (etwa 1,30 Meter). Weil das Kloster aber auf einer Erhebung liegt sind die Mauern von außen etwa drei Meter hoch; das heißt, dass man sich nicht eingeschlossen fühlt, aber durch die hohen Mauern alle Außengeräusche zu mindestens gedämpft werden.

Das Tor und der Eingangsbereich waren so konzipiert, dass früher eine komplette Pferdekutsche hineinfahren, die Fahrgäste ausladen und im Innenhof wenden konnte. Zum Kloster gehörte auch eine große Kirche, eine Kapelle, verschiedene Meditations- und Gruppenräume. Außerdem eine kleine Weinstube (nicht öffentlich), wo man auch mal ein Bier oder ein Glas Wein trinken kann.

Die gesamten Ausmaße kann man sich vielleicht vorstellen, wenn man bedenkt, dass es zwei große Treppenhäuser gibt (jedes so groß, wie ein kleines Einfamilienhaus) und ich glaube drei oder vier kleine, dazu noch einen Aufzug. Am Anfang habe ich mich tatsächlich mehrmals verlaufen.

✪

Eben denk ich mir, da ist sie wieder, die andere Seite der Kirche - die mächtige herrschende und beherrschende Kirche. Deshalb möchte ich Euch etwas zur Geschichte der Klöster und ihrer Macht erzählen. Denn mächtig war die Anlage auf jeden Fall – und das trifft nicht nur für St. Peter zu.

Exkurs Klostergeschichte

Die ersten Mönche waren Eremiten, das ist griechisch und heißt Wüstenbewohner. Das sagt eigentlich schon fast alles. Bald darauf bildeten sich Klostergemeinschaften um die Eremiten.

Gegen Ende des ersten Jahrtausends wuchsen die Aufgaben der Klöster und so auch die Macht:

- Sie erschlossen neues Land, zum Beispiel durch Rodung und Trockenlegung von Sümpfen.
- Sie kümmerten sich um Kranke und unterhielten eine Klosterapotheke.
- Neben der Pflanzenheilkunde gehörte auch Pflanzenzucht dazu.
- Sowohl Landwirtschaft und Handwerk als auch Handel waren Teile des Kloster oder zumindest im unmittelbaren Umfeld.
- Pilger und andere Reisende fanden dort Übernachtungsmöglichkeiten.
- Irgendwann begannen Klöster auch Gelder zu verleihen und erhielten als Sicherheit Ländereien.
- In Klöstern entstanden die ersten Schulen.
- Kirchen und Klöster waren Orte und Bewahrer von Kunst.

- Wissenschaft und Bibliothekswesen waren hier zu Hause.
- Später, im ausgehenden Mittelalter, gab es in allen größeren Städten ein oder mehrere Klöster, die meist verschiedene soziale Aufgaben wahrnahmen (Schule, Krankenhäuser, Altersheim etc.).

Bis hierhin klingt das ja ganz gut und hat noch wenig mit Machtmissbrauch zu tun. All das sind Aufgaben, die uns heute unverzichtbar erscheinen. Allerdings hatte das Ganze eine andere Seite, die sich weitgehend gleichzeitig entwickelte.

Die Erbfolge in den deutschen Ländern ging in der Regel über den ältesten Sohn, das heißt, er erbte Besitz und eventuell den Titel - die anderen gingen mehr oder weniger leer aus. Adelsfamilien (und auch andere) lösten das, in dem die ledigen Kinder zum Teil ins Kloster gegeben wurden, um das „Seelenheil" der Familie zu sichern. Dies konnte auch ohne religiösen Hintergrund geschehen. Natürlich war auch hier (wie bei der Eheschließung) eine Mitgift in Form von Ländereien nicht ungewöhnlich. So kam das Klosterwesen zu immer mehr Grundbesitz und wurde Lehensherr über Bauern und Leibeigene und hatte eigene feste Einkünfte. Dadurch wurde das Kloster zum Grundbesitzer mit zum Teil riesigen Ländereien. Hinzu kam, dass Abt oder Oberin oftmals nicht aufgrund der Eignung, sondern aufgrund der Abstammung gewählt wurden; Chancen (und damit Macht) hatte, wer am meisten Kapital mitbrachte oder dessen Familie den größten gesellschaftlichen Einfluss hatte. Der Abt war so zum Teil gleichzeitig auch Fürst, das heißt religiöses **und** weltliches Oberhaupt, einschließlich der Gerichtsbarkeit. So wurde das Kloster zu einem wichtigen Machtfaktor im Mittelalter.

In der Neuzeit verloren die Klostergemeinschaften mehr und mehr ihre Macht und ihre Bedeutung. Teilweise wurden sie geschlossen und umfunktioniert zu Schulen, Krankenhäusern und Gefängnissen. Erst im 20.Jahrhundert begann sich die Idee des gemeinschaftlichen Lebens und Glaubens mit den Brüdern von Taizé neu zu entwickeln. Heute verschwinden klösterliche und kirchliche Einrichtungen mehr und mehr, aber die Namen, z.B. St. Elisabethenkrankenhaus, Klosterapotheke, Marienhaus oder die Fürstabt-Gerbert-Schule verweisen auf die Herkunft.

Übrigens ich kann mich noch gut erinnern, dass früher, in meiner Kindheit und auch noch etwas später, in vielen Kindergärten, Krankenhäusern und Altersheimen Ordensfrauen gearbeitet haben. So ist zum Beispiel der Beruf der Krankenschwester ursprünglich aus der Ordensschwester entstanden.

Exerzitien und somit auch Klöster (in all ihren Widersprüchlichkeiten) wurden für mich sehr wichtig: Auf der einen Seite spürte ich - symbolisiert durch den riesigen Gebäudekomplex - meine tiefe Abneigung gegen das Imponier- und Machtgehabe der Kirche und des Klosters; auf der anderen Seite waren es genau diese Orte (mit ihren Mauern, Gärten und ihrer Weitläufigkeit), die mir die Ruhe ermöglichten, nach der ich mich sehnte.

Übrigens – ich habe dieses Problem nicht gelöst; höchstens insofern, dass ich merke, auch aus Schlechtem kann Positives folgen. Und meine Auseinandersetzung mit der Kirche, die ja mein Arbeitgeber, meine Heimat und auch ewiger Punkt der Kritik ist, wurde etwas befriedet.

Bei den zehntägigen Exerzitien ist es anders als bei den Kurzexerzitien am Wochenende: In dieser Zeit (das ist dann meist in der Sommerferienzeit) gibt es zwar auch mehrere Kurse gleichzeitig oder zeitlich versetzt, aber ausschließlich Exerzitien oder Schweigekurse.

Bei den Kurzexerzitien am Wochenende ist noch ziemlich viel Lebendigkeit im Haus, das bedeutet Ablenkung und man ist noch Teil des Lebens. Anders bei den zehntägigen. Es ist nicht ungewöhnlich, über Stunden kein gesprochenes Wort zu hören – weder beim Essen, noch auf den Gängen oder bei der Begegnung mit anderen. Es herrscht eine Ruhe, die sehr tief führt: Durch das völlige Fehlen von Ablenkung gibt es kaum eine Chance, vor sich selbst zu

fliehen und der Blick wird unweigerlich nach innen gerichtet. Und was wir da sehen, ist nicht immer erfreulich.
Es ist eine Zeit der tiefen und intensiven Auseinandersetzung vor allem mit sich selbst.

Aber ich greife wieder vor. Ich denke, es ist besser, einfach mal den Tagesablauf zu schildern.
Der Tag beginnt um 7:15 Uhr mit „Leibarbeit", das heißt, ruhigen Körperübungen mit anschließendem Morgengebet. Das folgende Frühstück wird, wie alle Hauptmahlzeiten, gemeinsam, aber schweigend eingenommen. Vor dem Mittagessen finden, wie auch vor dem Abendessen, gemeinsame Gebete oder ein Gottesdienst statt. Der Tag wird dann mit einem „meditativen" Abendgebet beschlossen.
Das klingt nach ganz schön viel Beten, aber es ist nicht so schlimm: Es sind Angebote, über die jeder selbst entscheidet und – da es die einzigen Zeiten sind, in denen sozialer Kontakt stattfindet – werden sie gern angenommen. Außerdem helfen sie, den Tag etwas zu strukturieren.
Denn gerade in den ersten Tagen ist es recht schwer, mit dieser Ruhe umzugehen und sie zu ertragen. Die vielen selbstverständlichen Ablenkungen, die unser Leben bestimmen (und uns zum Beispiel helfen, mit trüben Gedanken umzugehen) fehlen völlig: kein Telefon, kein Radio, kein Fernseher, kein Buch, keine Unterhaltungen oder Alltagsgespräche. Nach zwei bis drei Tagen beginnt man tatsächlich, die Ruhe zu genießen (und am Schluss ist es besonders schwer, wieder in den Alltag hineinzufinden, der einem dann vorkommt wie ein Feuerwerk).

Das Highlight sind die Sonntage. Nicht wegen des Sonntagsgottesdienstes, sondern aus einem anderen Grund. In der Regel findet sonntagabends ein Konzert statt. Erstklassige Künstler spielen in der hervorragenden Akustik der Klosterkirche. Ihr könnt Euch nicht vorstellen, wie man das nach einigen Schweigetagen genießt. Aber auch dies erlebt man abgeschottet auf der Empore (und ohne Eintrittskarten, die nicht billig sind).

Grundsätzlich entscheidet jeder selbst, wie er oder sie den Tag gestalten und welche Gebete und Angebote angenommen werden. Das tägliche Gespräch mit dem Exerzitienbegleiter ist der einzige „Termin", an den man denken sollte. Es ist ein Gespräch, das zwischen 10 und 30 Minuten dauert, in dem meist ein neuer Text angeboten wird und die Möglichkeit besteht, über Schwierigkeiten oder Erfahrungen zu sprechen.

Meine Tage waren meist von einem permanenten Selbstgespräch geprägt (Gespräch mit Gott, innerer Dialog … nennt es, wie Ihr wollt), im Grunde aber eine Auseinandersetzung mit dem Text und mit mir. Dazwischen machte ich meist etwas Gymnastik wegen meiner Rückenprobleme und am Nachmittag einen Spaziergang (immer denselben).

Das geht so zehn Tage lang und es gehört für mich zu den intensivsten und nachhaltigsten Erlebnissen, die ich machte. Ich kann ohne weiteres sagen, dass diese Erfahrungen mein Leben verändert haben.

Was dies im Einzelnen bedeutet, lässt sich schwer in Worte fassen. Aber wenn es Euch interessiert, könnt Ihr mich ja fragen.

✪

Heute sind die Religion und die Kirche im Begriff, sich zu wandeln und eine andere zu werden – langsam aber stetig: Immer mehr steht der Mensch im Mittelpunkt (so wie es ja auch in der Geschichte immer wieder das Bestreben von Einzelnen und Gruppen war). Man spürt sie deutlich, diese Hinwendung zum Eigentlichen, weg von der Macht – auch wenn das Ganze noch von großen Widersprüchen geprägt ist.

Hier einige Beispiele für das Schwanken (vor allem der katholischen Kirche) zwischen Mensch und Macht:

- Beim Requiem für den verstorbenen Papst Johannes Paul II machte Kardinal Ratzinger 2005 (der spätere Papst Benedikt) das Unerhörte und für viele Undenkbare: Er spendete dem evangelischen Frère Roger das Sakrament der Eucharistie (die Kommunion).
- Derselbe Papst Benedikt räumte zum Ende seines Pontifikats damit auf, dass ein Papst bis zum Umfallen die Kirchenleitung hat und trat einfach zurück.
- Unter seinem Nachfolger wagten sich die Bischöfe an das Tabu des Zölibats und brachten (bei der Amazonas-Synode) eine Lockerung in's Spiel.
- Genau in diesem Zusammenhang meldete sich die andere Seite der Kirche wieder: Der emeritierte Papst

(Benedikt) brachte Einwände und gibt der Diskussion so eine neue Richtung.

- In diesem (zeitlichen) Zusammenhang erfolgte die „Freisetzung" von Kurienerzbischof Georg Gänswein, dem ehemaligen Privatsekretär Papst Benedikts; auch das ein Novum im Vatikan.
- Aber es änderte sich letztlich nichts: In dem lange erwarteten päpstliche Lehrschreiben zur Amazonassynode erwähnte Franziskus das Zölibat mit keinem Wort.
- Auch in der Frage der Ämter für Frauen blieb die Männerkirche ablehnend, trotz vielfältiger Proteste und sogar Kirchenboykott von Seiten katholischer Frauen (Maria 2.0).
- Der jahrzehntelange sexuelle Missbrauch von Kindern in kirchlichen (und anderen) Einrichtungen wurde nach wie vor unter den Teppich gekehrt und die katholische Kirche versuchte das Ganze tot zu schweigen. Notwendige Gerichtsverfahren wurden nicht eröffnet und Beweise der staatlichen Gerichtsbarkeit nicht zur Verfügung gestellt.
- 2018 gibt der Freiburger Bischof Burger die Schuld und Verantwortung von seinen Vorgängern und der Bistumsleitung zu. Allerdings sind zu diesem Zeitpunkt bereits viele Taten verjährt.
- Legendär ist der Skandal um Bischof Tebartz-van Elst. Hier ging es nicht um Missbrauch von Kindern, sondern von Kirchengeldern. Rückblickend lässt sich kaum beziffern, um welche Summen und um welche Leistungen es sich tatsächlich handelte. Es ist die

Rede von Luxusbauten, Flugkosten (auch eidesstattlicher Falschaussage). Die Tatsache, dass dies geschehen konnte, ist ein Beleg für den Machtapparat Kirche; die Tatsache, dass es an's Licht kam und aufgearbeitet wurde, ist ein Beleg, dass es auch die gegensätzliche Bewegung gibt.

Es lassen sich viele solcher Beispiele finden, die einerseits für das Machtstreben der Kirche stehen, andererseits genau diese Macht kritisieren und dagegen aufbegehren. Mir scheint, die Kirche befindet sich damit in bester Tradition der Nachfolge Jesu.

Genau hier steht auch der Religionsunterricht der Berufsschule: Einerseits symbolisiert er – als Teil der Kirche – die Macht, andererseits ist der Mensch seine Aufgabe und sein Mittelpunkt.
Zwei Begebenheiten in diesem Spannungsfeld möchte ich besonders hervorheben, weil sie mir für den gesellschaftlichen Wandel typisch erscheinen.

Es gibt überall Schüler, die mit dem Gesetz in Konflikt geraten. Was ich aber in einer Klasse erlebte, sprengte alle Vorstellungen. Die Klasse hatte mehr Gefängnisjahre auf dem Buckel, als die gesamte restliche Schule. Ein Schüler war erstaunlich offen und ebnete so den Weg zu einem ehrlichen Umgang mit der eigenen Vergangenheit, auch für die anderen. So kam es, dass die Jungs sich gegenseitig stützten und unterstützten. Es haben übrigens alle, bis auf einen, den Abschluss geschafft (und um diesen Einen haben sie bis zum Schluss gekämpft). Einer der Klasse sagte mir später, seinen Abschluss hätte er in erster Linie der Klasse zu verdanken. Ohne die Unterstützung der anderen hätte er es nicht geschafft. Damit meinte er sicherlich nicht nur seine schulische Leistung, sondern vor allem auch seine kriminelle Laufbahn.

Ein anderes Mal hatte ich eine Kleinklasse: In dieser Klasse waren unter anderem ein überzeugter Atheist, ein tief gläubiger Freier Christ und ein Salafist (und späterer IS-Kämpfer – das konnten wir nicht verhindern). Eine bunte Mischung, die Sprengstoff versprach, vor allem im Religionsunterricht. Umso mehr verwunderte es, dass die Jungs irgendwann auf's Thema "Beten" kamen (ich glaube, es wurde in einem Streitgespräch mit dem „Freien Christen" aufgeworfen). Natürlich griff ich das Thema auf und machte auch einen kleinen spirituellen Impuls dazu. Die große Überraschung: Gerade die drei Wortführer mit ihren teilweise ziemlich extremen religiösen Anschauungen wollten ausdrücklich einen weiteren Gebetsimpuls.

Diese Situationen sind Stationen auf einem Weg, der in den Siebzigern des letzten Jahrhunderts begann und heute noch nicht zu Ende ist. Aber planen lässt sich das nicht: es ergibt sich (oder eben nicht).

Im Grunde ist die Schule ein bunter Spiegel der Gesellschaft, denn dieselben unterschiedlichen gesellschaftlichen Strömungen finden sich überall. Aber den vertrauensvollen und geschützten Rahmen, in dem Kontakt und

Austausch möglich wird, den gibt es oftmals nicht. Hier wäre die Religion – oder besser gesagt die Religionen – gefordert. Ein Anfang ist gemacht, allerdings bleibt noch viel zu tun; Machtverhalten und Imponiergehabe würden das Erreichte schnell zerstören.

✪

Auf globaler Ebene war diese Zeit von ständigem Krieg und Unruhen geprägt: Rückblickend mache ich zwei große Krisenherde aus (und das hat sich bis heute kaum geändert): Der Nahe Osten (mit seinen gegensätzlichen politischen und religiösen Strömungen) und Teile Afrikas, die mit Klimawandel, den Folgen des Kolonialismus und einer verfehlten europäischen Entwicklungshilfe zu kämpfen hatten. Natürlich wurde im selben Maße im reichen Teil der Welt der Ruf nach Schutz und Verteidigung der eigenen Besitzstände gegenüber den wachsenden Krisenherden beständig lauter. Die Mittel der Wahl waren Abschreckung und militärische Intervention – also noch mehr Krieg. Aber diese Strategie musste scheitern.

Lange Jahre war die Weltpolitik von zwei Akteuren beherrscht: USA und Sowjetunion („Russland"), oder Nato und Warschauer Pakt, die Militärbündnisse, die von den beiden Supermächten beherrscht wurden.
Die Nato gibt es noch heute (und auch die herrschende Stellung der USA), aber das Feindbild („der Russe") ist verloren gegangen. In dieses Vakuum konnten weitere Akteure vordringen: China mit seiner Wirtschaftsmacht,

Russland, das den Weg zu alter Stärke suchte, verschiedene Terrorgruppen, kleine Despoten in diversen Staaten und einige mehr. Aus zwei Spielern wurde plötzlich eine unüberschaubare Zahl; und jeder wollte eine Scheibe vom großen Kuchen. Es ging um Geld, Macht und Einfluss. Und dazwischen waren all die Flüchtlinge, Menschen, in ihrer Machtlosigkeit, mit ihrem Hunger und Elend, die im Weg nach Europa die einzige Überlebenschance sahen.

Der Hunger und die Armut sind zwei zentrale Fluchtursachen. An dieser Stelle möchte ich auch nur am Rand bemerken, dass wir (nicht nur in den „reichen" Ländern) Jahr für Jahr 1,3 Milliarden Tonnen an Lebensmittel wegwerfen, bzw. vernichten (und dafür noch Geld ausgeben).

Mir kommt das oft vor wie spielende Kinder: Einer hat etwas Tolles und Interessantes gefunden – oder vielleicht haben sie es auch gemeinsam entdeckt oder einer hat es früher gefunden und meint, es gehöre nur ihm alleine – und jetzt streiten sie sich.
Der Streit wird wohl ewig weitergehen, bis einer zurücksteckt, sie sich anders einigen oder beginnen, gemeinsam zu spielen.
Bei diesem Streit greifen sie zu immer härteren Mitteln – Beißen, Schlagen, Treten – zu Maßnahmen, die sie nicht wünschen; aber trotzdem tun sie es, weil es doch um ihr vermeintliches Recht geht, um das, von dem sie glauben, es sei ihr alleiniger Besitz.
Das Bild lässt sich sogar noch ergänzen: Zwischen die Fronten geraten nämlich auch Unbeteiligte, Unschuldige;

sie wollen nicht streiten, wollen nicht das Spielzeug, sie wollen einfach nur da sein, leben und die Luft genießen.

Das war das, wovon die Jahre geprägt waren: Konflikte um Ressourcen und Bodenschätze, um Macht und Einfluss – und wir immer mit dabei. Und dazwischen hungernde Menschen, Kriegsflüchtlinge und zahllose Verfolgte.

Die Männer und Frauen, für die in den 50ern und 60ern des letzten Jahrhunderts, kurz nach den Verheerungen des Zweiten Weltkriegs – eines klar war: „Nie wieder Krieg!" – genau die sind es jetzt, die von der Verantwortung Deutschlands reden (und damit meinen sie militärische Auslandseinsätze und da geht es nicht nur um Schutz von Leben).

Im Grunde rüsten alle auf: religiöse Extremisten genauso wie Diktatoren und Teile der Staatengemeinschaft. Unter dem US-Präsidenten George W. Bush führte die USA an 2662 Tagen Krieg in und mit verschiedenen Ländern; sein Nachfolger (der Friedensnobelpreisträger Barack Obama) kam sogar auf 2663 Tage (das ist beinahe die komplette Amtszeit).

Gefangenlager als rechtsfreie Räume sind nicht mehr den „Schurkenstaaten" vorbehalten. Überhaupt wandelt sich der Krieg: Drohneneinsatz (mit Ermordung ohne jeglichen Gerichtsurteils – Bin Laden und andere) und Krieg der Sterne (mit Abwehr- und Kampfsystemen aus dem All) werden bittere Realität. Der Weltraumschrott, der unter anderem durch Überwachungssatelliten und Antisatellitenraketen entsteht, ist längst zu einem weiteren Problem geworden und ein Ende ist nicht in Sicht.

Mir fällt da ein Kinderspruch dazu ein:

> Die Welt ist böse, sie denkt nur an sich –
> nur ich, nur ich, nur ich denk' an mich!

An dieser Stelle beende ich diesen Brief, denn ich merke, dass sich wieder ganz schön stark meine Lehrernatur zu Wort gemeldet hat: Ich erzähle nicht, ich belehre … und genau das wollte ich eigentlich nicht.

Februar 2020

Die letzten Berufsjahre
11 – 20

Jetzt kommt das letzte Jahrzehnt, von dem ich berichten möchte und damit auch der letzte Brief.

Bisher war die Rede von Dingen, auf die ich zurückblicken konnte; sie waren vergangen und abgeschlossen. Das wird sich jetzt ändern, denn je mehr wir uns der Gegenwart nähern, desto mehr geht auch der Abstand verloren und die Distanz verringert sich. Dies gilt für mich, wie für Euch, denn auch Ihr werdet Euch an manches erinnern können, weil Ihr es selbst miterlebt oder davon gehört habt.

Wundert Euch deshalb nicht, wenn es ab und an etwas holpriger wird. Heute, in der Zeit, in der ich das schreibe, befinden wir uns in einer schwierigen und einschneidenden Krise, die für uns alle eine völlig neue Situation bedeutet. Ein schlimmer Virus hat uns (und damit meine ich **alle** Menschen) erreicht. Es gibt noch kein Gegenmittel und keine Impfung. Mir macht das große Angst, weil im Grunde alles unsicher wird. Ich sehe aber auch Chancen für einen Neubeginn dabei. Wir wissen noch nicht, wie die Sache ausgehen wird, aber inzwischen habe ich Hoffnung, denn es zeigt sich Licht am Ende des Tunnels. Sicherlich werden wir neue Wege zur Bewältigung finden müssen, aber am Beginn neuer Entwicklungen und großer Fortschritte standen oft irgendwelche Katastrophen.

✪

Beginnen möchte ich mit einem Blick zurück, ins Jahr 2001, zu dem Anschlag auf das World Trade Center in New York am 11. September 2001.

Fanatische Terroristen kaperten vier Flugzeuge. Zwei lenkten sie mit allen Passagieren in die New Yorker Zwillingstürme und brachten diese zum Einsturz. Die Folge waren tausende Tote. Das Ziel der dritten Maschine war das Verteidigungsministerium; die vierte sollte vermutlich das Regierungsgebäude der US-Regierung treffen, stürzte aber vorher ab.
Mit diesem Attentat wurde der amerikanische Staat an seinen empfindlichsten Stellen getroffen: der Regierung, der Verteidigung und dem Machtsymbol der Wirtschaft – dem World Trade Center.

Den Anschlag selbst, kurz nach der Jahrtausendwende, habe ich natürlich mitbekommen, er wurde dann aber ziemlich schnell von den Unsicherheiten meiner schweren Rückenerkrankung und von den Ängsten über meine Zukunft überlagert. Die eigentlichen Folgen des Terroranschlags waren – wenigstens für mich – dann auch erst im 2. Jahrzehnt in vollem Umfang spürbar. Das ist auch der Grund, warum ich erst jetzt davon berichte.

Es war der erste große Anschlag auf die Symbole der westlichen Welt – oder wenigstens der erste, der mir voll zu Bewusstsein kam. Es folgten in den Jahren danach bis heute weitere Anschläge, häufig mit vielen Toten und sie trafen meist mitten ins Leben: auf eine Diskothek in Paris, auf die Redaktion einer Satirezeitschrift, auf Weihnachtsmärkte oder Feste und vieles andere.

Die Attentäter verbreiteten große Unsicherheit und Angst und keiner wusste, was als Nächstes geschehen würde. Sicher war nur, dass es uns ins Herz treffen wird, bedrohte man doch gerade das, was wir in unserer westlichen Welt so schätzen: unsere Kultur, unsere Freiheit und unsere Lebensart.

Wir hatten Angst, manche mehr, andere weniger, aber sie begleitete uns ständig und war allgegenwärtig. Auf Weihnachtsmärkten patrouillierte Polizei und es wurden Betonpoller zum Schutz aufgestellt; Straßenfeste und andere Großereignisse brauchten ein Sicherheitskonzept und Bahnhöfe waren in unserem Bewusstsein ein potentielles Angriffsziel. Der Terror begleitete uns lange Zeit.

Tatsächlich gab es noch mehr Anschläge – die meisten waren allerdings in Nahost – und diese erreichten die Medien in der Regel nur als Randnotiz (und außerdem betrafen sie uns ja nicht unmittelbar und sie waren weit weg). Auch da gab es unzählige Tote, aber wir spürten ja nur die Folgen, die Flüchtlingsströme, die vor dem Terror - auch bei uns - Schutz suchten.

Heute denke ich, dass das typisch ist: Die Dutzende Tote in Berlin oder Paris lassen uns erstarren. Die Hunderte Opfer im Irak und anderswo berühren uns kaum.

Die Angreifer kamen aus verschiedenen religiösen Richtungen, hatten aber in der Regel eines gemeinsam: Es waren muslimische Fanatiker, die den Islam auf einzelne Punkte reduzierten (meist den Dschihad, den Heiligen Krieg und die Scharia, das muslimische Gesetz) und der ganze Rest, der ja die eigentliche Religion ausmacht, wurde aus den Augen verloren.

Ein zentrales Kampfmittel dieser militanten Gruppen war „Leaderless resistance", der führerlose Widerstand. Es gab wohl ideologische Führer, die einzelnen Aktionen waren aber meist dezentrale Taten von kleinen Gruppen, die völlig unabhängig voneinander agierten. Das heißt, dass die Angriffe absolut unberechenbar wurden, weil sie keinem System folgten.

Diese neue Kriegsführung sollte uns noch lange beschäftigen, vor allem, weil in Europa, und auch ganz speziell in Deutschland, sich viele junge Leute (mit oder ohne muslimischer Wurzeln) dieser neuen Ideologie anschlossen. Ziel der Kämpfer war ein reliöigiöser Staat, in dem alleine der Koran und die Scharia das politische und gesellschaftliche Handeln bestimmen sollte.

Vielleicht fragt Ihr Euch jetzt, warum das Menschen machen? Was haben die neuen Krieger Gottes von dieser Zerstörung und Grausamkeit? Was ist der Grund, dass Menschen (mit und ohne muslimischem Hintergrund) für einen Gottesstaat und gegen bestehende Demokratien kämpfen?

Zuerst einmal sollten wir daran denken, dass es Fanatiker zu allen Zeiten gab und auch in allen Glaubensrichtungen. Religionen bieten in der Regel den Orientierungsrahmen, in dem ich selbst handelnd mein Leben führen darf. Das heißt, ich muss selbst entscheiden und beurteilen. Häufig und gerade bei persönlichen Situationen ist die Antwort, die der Glauben gibt, nicht eindeutig; keiner sagt mir dann im Einzelfall, was gut und richtig ist und ich bin selbst gefordert, auch wenn ich lieber „klare Ansage" hätte. (Denn Sünde" ist ja eigentlich eine Frage der Wahl zwischen Alternativen, die mir zur Verfügung stehen; entscheiden muss ich selbst!)

Viele Menschen können damit ganz gut umgehen. Es gibt aber auch welche (und zwar in jeder Religion), die lieber nach eindeutigen Anweisungen handeln, weil die persönliche, eigene Entscheidung schwerfällt; so bleibt ihnen das Risiko des falschen Handelns und die persönliche Verantwortung erspart.

Genau das bieten diese (und auch andere weniger militante) religiösen Gruppen: einen eindeutigen Rahmen, in dem sich der Einzelne bewegen kann. Und nur am Rande bemerkt: es gibt diese Tendenzen auch in christlichen Kreisen; im Augenblick eher weniger militant und gewalttätig – aber das war in früheren Zeiten durchaus anders – und kann sich auch schnell wieder ändern: das Potential ist durchaus vorhanden! Vor 500 Jahren wäre vermutlich die Oma genauso auf dem Scheiterhaufen gelandet wie ich; denn sie ist evangelisch und ich katholisch. Und es ist noch nicht so lange her, dass katholische Mädchen aus dem Haus gejagt und enterbt wurden, weil sie einen evangelischen Mann heiraten wollten. Ich habe es tatsächlich noch erlebt.

Da passt auch ganz gut der Nationalsozialismus des Dritten Reichs hinein. Er war zwar keine Religion an sich, vereinte aber sehr viele religiöse Elemente und „befreite" den Einzelnen ebenfalls von der „Last" der eigenen Entscheidung. Sicher ist auch das ein Grund, warum so viele Menschen zu dieser Ideologie tendierten (und es noch heute tun): Nur zu folgen, nur Befehlen und Anweisungen zu gehorchen ist einfacher und entbindet von der eigenen Verantwortung.

Unabhängig davon gab es in dieser Zeit erhebliche und einschneidende Veränderungen, auch bezüglich meines Religionsunterrichtes. Es sollten Zeiten anbrechen, die mich in der Schule und im Unterricht vor große Herausforderungen stellten. Es folgten eine Reihe von Ereignissen, die mich komplett aus der Bahn werfen sollten.

Bis jetzt waren die Klassen riesig und die Korrekturen beinahe nicht zu schaffen. Ich hatte bis zu 38 verschiedene Klassen in einem Schuljahr und über 800 Schüler. Eigentlich hätte ich froh sein müssen, als der Schulleiter mir Entlastung durch zwei Ethiklehrerinnen versprach. Ich erlebte die neue Situation aber weniger als Entlastung, sondern vielmehr als Konkurrenz. Ich hatte bisher den Religionsunterricht alleine gestemmt und Austritte gab es nur vereinzelt. So war in meinen Augen für Ethik kein Bedarf. Allerdings wollte ich ihn auch nicht verhindern.

Allerdings war die Zusammenarbeit von Ethik und Religion von Anfang an nicht in jeder Beziehung gut, und es lief dann auch so leidlich und eher holprig (und streckenweise war es ein Desaster). Hinzu kam ein weiteres Element, die „Regionale Schulentwicklung": Die Bauhandwerksberufe, die ich 35 Jahre unterrichtet hatte, sollten an einen anderen Schulstandort verlegt werden und so hing ich mit meinem Deputat ziemlich in der Luft (immerhin hatte ich etwa 50 % meines Deputats in den Bauklassen). Dazu kamen noch der geplante Anbau und der Umbau der Schule (er dauerte einige Jahre); es war eine unvorstellbare Belastung für alle.

Einige weitere „Unebenheiten" führten mich dann bis an die Grenze der Belastung (oder darüber hinaus) und der große Knall kam. Aber wie so oft, spürte ich nicht selbst, dass etwas nicht stimmt (und nur wenige meiner Kollegen). Ein Schüler (meiner Handwerker, die ich wegen ihrer Direktheit immer sehr schätzte), nahm mich nach dem Unterricht auf die Seite: Es gehe nicht mehr, sagte er, ich solle mich krankschreiben lassen. Tatsächlich hatte ich die letzten Stunden und Tage nur noch im „Blindflug" unterrichtet und wusste abends oder sogar nach der Stunde häufig nicht mehr, was war. Ich war mit meinen Kräften am Ende. Noch am selben Tag ging ich zum Arzt und ließ mich „aus dem Verkehr ziehen".

Ich war etwa ein halbes Jahr draußen, teilweise in einer Klinik, bis ich zum Beginn des neuen Schuljahrs wieder den Dienst antreten konnte.

Als ich wiederkam, durfte ich eine ganz besondere Erfahrung machen: Genau die Schüler, die mich ein halbes Jahr zuvor auf meine „Probleme" aufmerksam machten, begrüßten mich jetzt freudig und es wurde kein Wort darüber verloren, was damals vorgefallen war. Sie fragten nur, ob es mir wieder gut gehe und freuten sich einfach, mich wiederzusehen und ich freute mich über die Schüler. Die Sozialkompetenz, die sie zeigten, die Sensibilität und der Mut, das Richtige zu tun, waren eine intensive Erfahrung.

Irgendwann in dieser Zeit oder ich glaube bald danach, hatten beide Ethikkolleginnen (aus unterschiedlichen Gründen) aufgehört und so gab es auch hier die Chance (und die Aufregung) eines Neuanfangs. Es kam eine neue Kollegin: L war eine junge Frau und Ethiklehrerin aus Leidenschaft. Mir war nicht wohl, hatte ich doch keine Ahnung, was auf mich zukommen sollte – und irgendwie war ich in Sachen Ethik ja ein „gebranntes Kind".

Aber es passierte etwas, das ich nicht für möglich gehalten hatte: Nach all den Jahren fand ich jemanden neben mir, mit dem ich weitgehend auf einer Linie lag. Methodisch hatten wir zwar große Unterschiede und naturgemäß inhaltlich völlig verschiedene Ansatzpunkte (wie zwischen Religionslehrer und Ethiklehrerin nicht anders zu erwarten war), aber letztlich kamen wir immer zum selben Ergebnis. Auch in der Themenwahl, in der Notengebung und im Ton gegenüber den Schülern und Schülerinnen gab es zwischen uns einen großen Gleichklang. Den Unterricht (es gab auch gemeinsame Stunden) erlebte ich immer wieder geprägt von Harmonie und inhaltlicher Ergänzung (und teilweise wie ein Spiel zwischen uns, mit den Schülern als Gewinner).

Ich möchte nochmal kurz auf die Ausgangsbedingungen kommen, in denen wir waren: L. war deutlich jünger als mein Sohn und ich war bereits vor Klassen gestanden, als sie noch gar nicht geboren war. Die Tatsache, dass ich älter wurde, spürte ich beständig: Viele meiner Schüler leiteten inzwischen einen Betrieb oder waren meine Kollegen (einer war nicht nur bei mir in die Schule gegangen, sondern auch sein Vater war bereits mein Schüler gewesen). Das war nie ein Problem gewesen, da wir als Lehrer in erster Linie ja allein vor der Klasse stehen.

Diesmal war es aber anders; wir wollten (und mussten) sehr eng zusammen arbeiten und ein gemeinsames Konzept entwickeln, wenn wir uns nicht in ethisch-religiösen Grabenkämpfen zerreiben wollten. Deshalb war es unabdingbar, dass wir uns als gleichberechtigte Partner betrachteten. Die vielfältigen Unterschiede zwischen uns, hätten jedoch leicht die Bühne für Kampf und Konkurrenz werden können.

Heute sind wir beide stolz, dass „unser Konzept" aufging und vom Schulleiter gegenwärtig als Vorbild für zukünftigen Unterricht in den Fächern Religion/Ethik gesehen

wird (denn in wenigen Monaten gehe ich in den Ruhe-
stand).

In 38 Jahren war es tatsächlich das erste Mal, dass ich
mich als Lehrer wirklich verstanden fühlte und eine echte,
auch fachliche Gesprächspartnerin hatte.

✪

Fukushima, 11.März 2011: Ein Tsunami, ausgelöst durch
ein schweres Erdbeben, hatte den bis dahin schwersten
Unfall in einer atomtechnischen Anlage zur Folge, den es
bisher gab. Es sprengte alle Vorstellungen!

Über die Chronologie der Katastrophe gibt es genügend
gute Quellen im Internet. Deshalb lasse ich das weg. Stattdessen möchte ich meine Eindrücke (oder meine Erinnerung daran) schildern. Die Fakten sind nämlich nur ein Teil
der Wahrheit; der andere Teil war Angst vor der ständig
drohenden Gefahr und Unsicherheit in einer völlig unbe-
herrschbaren Situation.

Als am 11. März 2011 die Meldung von einem schweren
Seebeben vor Japan durch die Medien ging, dachte nicht
nur ich zuerst einmal an den verheerenden Tsunami, der
an Weihnachten 2004 auf Sumatra und anderen Inseln
des Indischen Ozeans rund 230 000 Todesopfer forderte.
Ziemlich schnell wurde aber deutlich, dass nicht nur die
Menschen in dem dichtbesiedelten Gebiet an der japani-
schen Küste betroffen waren, sondern auch ein Atomkraftwerk.

Zur Erinnerung: In meiner Schulzeit in den 70er Jahren wurde uns der Begriff GAU erklärt: Das sei der größte anzunehmende Unfall (eines Atomkraftwerks). Eigentlich könne so etwas gar nicht geschehen, so erklärte man uns, es sei völlig unwahrscheinlich; aber falls es doch passieren sollte, seien die Folgen problemlos beherrschbar. Ein größerer Zwischenfall sei schlichtweg unmöglich.

Soweit zum GAU.

Nicht einmal zehn Jahre später war diese Definition Geschichte; Tschernobyl lehrte uns 1986, dass es noch schlimmer geht. Das Unglück in der heutigen Ukraine sprengte alle Vorstellungen (bis dahin) und man erfand ein neues Wort: den Super-GAU. Aber auch das sollte nach 25 Jahren überholt sein: Jetzt war Fukushima das Maß der Dinge und die Gefahrenlage unterschied sich von allem, was man bisher in Erwägung gezogen hatte.

Die Informationen, die bei uns ankamen, waren anfangs sehr unterschiedlich und unvollständig; zum einen wegen der schlechten Informationspolitik seitens der Behörden in Japan, zum anderen bedingt durch die Unzugänglichkeit der Unfallstelle. Es wusste keiner, wie es auf dem Gelände und im Reaktor selbst aussah und es bestand vorläufig auch keine Möglichkeit, sich Zugang zu versschaffen. Außerdem informierten die Medien zwar, aber Journalisten sind meist keine Atomphysiker und entsprechend laienhaft und missverständlich waren zum Teil die Informationen.

Es war die Rede von einem Unfall in der Atomanlage, der noch nicht zu überschauen wäre, von Radioaktivität, die freigesetzt wurde, von Überflutung der gesamten Anlage, daraus folgend ein Totalausfall aller Systeme, auch aller Sicherungs- und Kühlsysteme mit entsprechender Überhitzungsgefahr der Brennstäbe, auch von einer drohenden Kernschmelze war die Rede. Durch die Überflutung sei kontaminiertes Kühlwasser und eventuell sogar ein Teil der Anlage ins Meer gespült zu worden.

Aber keiner wusste, was tatsächlich geschehen war und welches Ausmaß die Gefahr tatsächlich hatte. Es dauerte eine ganze Weile, bis ich eine Quelle fand, die verlässliche Informationen bereitstellte und gerade auch widersprüchliche und verwirrende Fakten einordnen und befriedigend beurteilen konnte (in dem Radiosender berichtete die ganze Zeit über eine einzige Journalistin - eine Atomphysikerin – nahezu rund um die Uhr; sie muss Ungeheures geleistet haben).

Tatsächlich gab es in Fukushima nicht einen Super-GAU sondern gleich vier innerhalb der ersten vier Tage. Die Folgen einer derartig enormen Menge an freigesetzter Energie (Hitze, Radioaktivität, Sprengkraft) waren nicht abzusehen; weder die Menge der Radioaktivität, noch die Dauer der Freisetzung oder die Gefahr einer unkontrollierten Kettenreaktion konnte eingeschätzt werden. Die Kontamination betraf sowohl die Atmosphäre als auch das Meeres-, beziehungsweise Grundwasser. Keiner wusste genau, was da im Einzelnen ablief und niemand hatte sich jemals die Frage gestellt, was geschehen würde, wenn bei vier Reaktorblöcken **gleichzeitig alle** vorgesehenen Sicherungen ausfallen. Natürlich lagen auch keinerlei Pläne für ein solches Ereignis vor, da man es ja für ausgeschlossen gehalten hatte.

Nach 38 Tagen (!) wurde der Versuch unternommen, sich mit ferngesteuerten Robotern ein Bild von der Lage zu machen und weitere neun Tage später stellte man die komplette Kernschmelze fest. Bis dahin wusste niemand so ganz genau, was sich im Inneren der Atomanlage (oder was davon noch übrig war) abspielte.

Erst vier Jahre später (!) konnten Roboter Bilder und Messwerte aus dem Reaktorinneren liefern; das komplette Ausmaß der Schäden war auch nach sechs Jahren noch ungeklärt.

Heute ist es still geworden; man spricht kaum noch darüber. Aber zumindest hat sich die Atompolitik der deutschen Regierung geändert.

Dies allerdings in doppelter Richtung: Im Jahr 2010 (vor Fukushima) wurde die Laufzeit deutscher Kernkraftwerke erheblich verlängert, nachdem der mühsam ausgehandelte Energiekonsens und damit der Atomausstieg von 2001 aufgekündigt wurde. Die Energiewirtschaft plante also wieder mit erheblich geänderten Bedingungen.

Trotzdem wurde wenige Monate später (nach „Fukushima" im Frühjahr 2011) von Seiten der Bundesregierung alles wieder zurückgedreht und der Ausstieg aus der Atomenergie wieder neu verkündet (diesmal allerdings aufgrund eines Regierungsbeschlusses, ohne vorherige Verhandlungen mit der Energiewirtschaft und deshalb mit den entsprechenden Protesten und Regressforderungen).

Heute – beinahe 10 Jahre später – wird glücklicherweise der Ausstieg aus der Atomenergie nicht mehr in Zweifel gezogen. Allerdings ergeben sich, neben der Sicherheit, weitere Fragen: Wo soll der radioaktive Müll letztlich gelagert werden? Wo kann er zwischengelagert werden? Was geschieht mit dem Atomkraftwerk, wenn es abgeschaltet ist. Es stellte sich heraus, dass praktisch keiner den entstandenen Müll wollte und auch niemand darauf vorbereitet war. Es wurde eine Technologie installiert, ohne sich jemals Gedanken gemacht zu haben, was das für spätere Generationen bedeuten könnte (also für Euch)!

✪

Es ist noch einiges passiert in den letzten zehn Jahren und manches sollte auch bei der Coronapandemie irgendwie eine Rolle spielen, zum Beispiel der wachsende Populismus: In Deutschland mit der AFD, in der USA mit Trump und genauso in vielen anderen Ländern, wuchsen politische Strömungen, die alleine die eigene Nation in den Vordergrund ihres politischen Handelns stellten. Das klingt ja eigentlich nicht so schlecht, aber es funktioniert nicht. Wir leben heute in einer Welt, die in politischer und gesellschaftlicher, ja in jeder Beziehung, miteinander verflochten ist. Damit das funktioniert, brauchen wir – wie in jeder größeren Gruppe – Rücksichtnahme und gegenseitige Akzeptanz.
Genau dieser Gemeinschaftsgedanke sollte aber jetzt auf den Prüfstand gestellt werden: die Viruskrankheit brach in China aus und hat sich innerhalb von Wochen nicht nur

auf der ganzen Welt ausgebreitet, sondern auch das gesamte Leben weitgehend lahmgelegt. Jetzt waren wirklich alle Nationen betroffen, und eigentlich sollte kein Platz mehr für Egoismus sein.

Das Corona-Virus ist eigentlich ein Grippevirus, der ursprünglich bei Tieren vorkam. Er mutierte (das heißt er veränderte sich) und sprang auf den Menschen über. Das alleine ist schon eine gewisse Gefahr; in dieser Situation kam aber hinzu, dass es weder ein Mittel, ein Medikament oder eine Impfung dagegen gab, noch irgendjemand wusste, wie sich die Krankheit auswirken und welche Folgen sie haben wird.

Zuerst waren es nur gesundheitliche Folgen, aber dabei blieb es nicht. In China (dem ersten Land, in dem der Virus beim Menschen auftrat), breitete sich in den am meisten betroffenen Regionen die Krankheit sehr schnell aus; Menschen wurden krank; um weitere Ansteckungen zu verhindern, wurden Betriebe geschlossen, was schnell Auswirkung auf andere Industriezweige hatte, deren Lieferketten dadurch unterbrochen wurden.

Schon jetzt war es nicht mehr auf eine Region begrenzt, sondern hatte durch die Produktionsausfälle weltweite Auswirkungen. Aber auch das Virus breitete sich schnell aus: Die ersten Erkrankungen tauchten schon nach wenigen Tagen in verschiedenen Ländern auf und nach wenigen Wochen sprach man bereits von einer Pandemie (einem weltweiten Ausbruch einer ansteckenden Krankheit). In nahezu allen Ländern gab es Ausbrüche von

Corona und heute gibt es kein Land mehr, für das es keine Reisewarnug gibt.

Eine andere Geschichte ist es aber, was die Krankheit mit den Menschen machte! Denn die Pandemie weitete sich zu einer Krise aus, die weltweit alle Lebensbereiche betraf und in kürzester Zeit ganze Gesellschaften lahmlegte. Die Wirtschaft drohte zusammenzubrechen, Verkehrsverbindungen wurden reduziert, beziehungsweise eingestellt. Auch demokratische und menschenrechtliche Grundsätze in Frage gestellt (Ausgangssperren, Kontakt- und Besuchsverbote, Reisebeschränkungen, Einschränkung der Versammlungsfreiheit und der Religionsfreiheit...). Meist sind diese Einschränkungen zeitlich begrenzt, aber es gibt auch Nationen, in denen eine dauerhafte Demokratiebeschneidung droht. Die Coronakrise wurde zur größten Katastrophe seit dem Zweiten Weltkrieg, zwar leise und nicht so grausam wie dieser, aber dafür unaufhaltsam.

Wie schon gesagt, die internationalen Warenströme brachen zusammen. Zuerst reduzierten die Fabriken, in denen Infektionen auftraten, ihre Produktion, dann stellten ganze Werke die Arbeit ein (was wichtige Folgen für die Arbeiter hatte). Da durch die moderne Arbeitsteilung heutzutage kaum noch ein Produkt von Anfang bis Ende an einem Ort hergestellt wird, hieß das, dass in anderen Firmen wichtige Bauteile fehlten und somit auch diese nicht mehr produzieren konnten. In kürzester Zeit war die gesamte Weltwirtschaft betroffen.

Was heißt das konkret? Sagen wir, es wird ein Auto gebaut! Die Planung und der Verkauf ist in Wolfsburg, der

Motor kommt aus Ingolstadt, das Getriebe vielleicht vom Bodensee, die Dichtungsringe aus China, der Stoff für die Bezüge aus Bangladesch, genäht wurden sie in Rumänien und dann kauft es ein Franzose. (In Wirklichkeit sind noch wesentlich mehr Länder beteiligt, denn das Garn, mit dem die Rumänen nähen und die Farbe, die in Bangladesch verwendet wird, sind ebenfalls importiert und so weiter!) Das heißt, wenn dann in einem dieser Länder etwas schiefgeht oder vielleicht die Grenzen dicht gemacht werden (auch das war die Regel), gibt es auch Probleme in der Produktion. Anders herum geht es auch: Wenn in Wolfsburg nicht mehr gebaut wird, gibt es für einen Teil der Menschen dort keine Arbeit mehr und auch in allen Zulieferbetrieben kommt die Produktion ins Stocken: Ihr Produkt wird nicht mehr abgenommen.

Aber die Auswirkungen gehen noch weiter: Auch die Menschen haben es in vielfältiger Weise zu spüren. Weil viele Fabriken nicht mehr produzieren (können), weil kein Material da ist, es nicht abgenommen werden kann oder ganz einfach die Menschen krank geworden sind, werden viele Arbeiter arbeitslos. Nur in wenigen Ländern gibt es für solche Fälle Kurzarbeitergeld oder Arbeitslosenhilfe, wie wir das kennen; auch eine Krankenversicherung ist nicht selbstverständlich und häufig gibt es nicht einmal Kündigungsschutz, und dann fehlt einfach der komplette Lohn, der oftmals schon vorher kaum zum Leben reichte.

In einigen Berufen und Bereichen wurde „Home-Office" eingeführt, das heißt, die Leute arbeiten von zu Hause; wenn dann gleichzeitig Schulen und Kindergärten schließen (wie gegenwärtig in vielen Ländern) und eine Ausgangssperre verordnet wird, ist der normale Tagesablauf auf den Kopf gestellt. Die ganze Familie ist über viele Tage in der Wohnung eingesperrt; die Eltern sollen von zu Hause arbeiten, die Kinder sollen lernen (haben aber keinen Lehrer) oder wollen spielen (aber auch die Spielkameraden fehlen). In solchen Situationen kann es in einer kleinen Stadtwohnung plötzlich sehr eng werden. Die Gefahr von Konflikten – auch von häuslicher Gewalt – wächst.

Es kann natürlich auch zu Angst- und Panikreaktionen kommen. Die Menschen merken zum Beispiel, dass viele Fabriken nicht mehr laufen und es Probleme mit dem Nachschub gibt.

Wenn jetzt einer befürchtet, der Nachschub funktioniert nicht und er versucht, sich Vorräte zu schaffen (also übermäßig einzukaufen – zu „hamstern") kann es passieren, dass manche Regale ganz schnell leergeräumt sind. Ich habe es erlebt, dass es wochenlang kein Klopapier gab; sobald Nachschub im Regal lag, wurde es ratzeputze leergekauft, weil die Leute befürchteten, es gibt keines mehr. Dies war aber auch bei manchen verderblichen Produkten so, zum Beispiel bei frischer Hefe. Sie ist nur begrenzt haltbar, trotzdem haben einige angefangen, Hefe zu hamstern.

Tatsächlich war zu keinem Zeitpunkt die Lebensmittelversorgung in Europa in Gefahr. Offensichtlich spüren Menschen in der Situation ihre eigene Machtlosigkeit und weil man eben nichts tun kann, außer Hände zu waschen und zu Hause zu bleiben, beginnen sie, irgendetwas zu tun – um ihre Machtlosigkeit zu verscheuchen – auch wenn es völlig irrational ist.

Manche Menschen haben tatsächlich auch angefangen, Klopapier zu stehlen oder andere Artikel, die knapp waren, zum Beispiel Desinfektionsmittel aus Krankenhäusern (wo es wirklich wichtiger ist).

Ganz besonders hat sich der Alltag verändert und zwar für alle!

Die Kontaktbeschränkungen, zum Beispiel bei uns in Baden-Württemberg, bezogen sich auf die allermeisten sozialen Kontakte: alle Schulen und Kindergärten wurden geschlossen (also auch keine Schul- und Kindergartenfreunde mehr treffen), Gruppen in der Öffentlichkeit nicht größer als zwei Personen waren verboten (kein Grillen, kein Picknick, auch gemeinsames Spazierengehen wurde problematisch), Sicherheitsabstand zu anderen Menschen – wenn sich der Kontakt überhaupt nicht vermeiden lässt – mindestens 1,5 Meter (kein Umarmen, kein Händeschütteln), der Aufenthalt auf öffentlichen Plätzen war stark eingeschränkt (kein Spielplatzbesuch, keine Skaterbahn, kein Treffen auf dem Marktplatz zum chillen), Restaurants, Kneipen, Cafés waren geschlossen (kein Bierchen am Abend mit Freunden im Biergarten, kein Kaffeeplausch im Terrassencafé), öffentliche und kulturelle Veranstaltungen wurden verboten (kein Frühlingsfest, keine Konzerte, Theater etc.), sämtliche öffentlichen Bildungseinrichtungen mussten die Arbeit einstellen (Schwimmkurs und Yogakurs fällt aus, das komplette Programm der Volkshochschule entfällt und mit ihnen wichtige Möglichkeiten, Freunde zu treffen), Besuche in Krankenhäusern und Altenheimen sind untersagt (die Oma bekommt plötzlich keinen Besuch mehr oder der Opa kann nicht am Sonntag zum Essen geholt werden); ich könnte jetzt gerade so weitermachen: das tägliche Leben, die Routinen, die unserem Leben Struktur geben, fallen alle weg. Aber wir wurden dadurch nicht freier (ohne äußere Zwänge), sondern die Orientierung ging verloren. Das Ganze wurde von der Polizei kontrolliert (teilweise von Hubschraubern aus) und Verstöße mit drakonischen Strafen belegt.

Jetzt – im April 2020 – ist noch nicht klar, wann und wie der Schulunterricht wieder aufgenommen werden wird und weil ich über sechzig bin und somit zur Risikogruppe gehöre, weiß ich nicht einmal, ob ich überhaupt wieder unterrichten darf. In einigen Ländern wird die komplette Schulschließung für dieses Schuljahr diskutiert und es wird von Notabitur gesprochen (das gab's zuletzt nach dem Zweiten Weltkrieg). Planung ist in jeder Hinsicht schwierig, eigentlich unmöglich geworden.

Weitere Einschränkungen gibt es im Bereich der Mobilität: Urlaubsreisen sind alle gestrichen, weil aufgrund der Pandemie die allermeisten Länder die Grenzen dicht gemacht haben. Die Züge sind leer und Flughäfen geschlossen. Auch Unternehmungen mit dem Auto (Fahrrad oder zu Fuß) sind sehr eingeschränkt, denn wo soll man auch hinfahren?

Die Familien sitzen dicht aufeinander und entweder sie entwickeln einen Sinn für Familie oder es kracht. Die Gefahr von familiären und persönlichen Krisen wächst und mögliche Fluchtmechanismen funktionieren nicht mehr. Man kann nicht mehr in die Kneipe, wenn einem die Decke auf den Kopf fällt oder schnell zu Freunden.

Stellt Euch mal eine Familie mit drei Kindern in einer Stuttgarter Mietwohnung vor: fünf Personen und kaum eine Möglichkeit zum Ausweichen. Man sitzt buchstäblich aufeinander und geht sich irgendwann völlig auf die Nerven.

Anders sieht es bei Alleinstehenden aus: bei unverheirateten jungen (oder älteren) Leuten, bei verwitweten Männer und Frauen (die eventuell aufgrund ihres Alters zu einer Risikogruppe gehören) oder bei der frischgeschiedenen Person (die sowieso in einer Sinnkrise steckt). Auch bei ihnen bricht das soziale Umfeld weitgehend weg – und sie bleiben wirklich ganz alleine und vereinsamt zurück.

Auf eine besondere Belastungsprobe werden Beziehungen gestellt! Der gegenseitige Besuch kann problematisch sein und wird bei „grenzüberschreitenden" Beziehungen vielleicht ganz unmöglich. Hier im Dreiländereck, wo drei verschiedene Staaten aneinanderstoßen, ist das keine Seltenheit.

Zu einem ganz besonderen Problem wird der Tod von Angehörigen aufgrund der Coronainfektion. Gerade hier ist das Risiko, sich anzustecken, besonders hoch, deshalb ist die Begleitung der Angehörigen auf ihrem letzten Weg auch sehr eingeschränkt. Der Urgroßvater darf seine Ur-enkel nicht nochmal sehen und die Oma darf sich auch nicht das letzte Mal an ihrer großen Verwandtschaft freuen.

Auf dem Bildungssektor ist die Auswirkung ebenfalls spür-bar.
Zuerst war eine Schulschließung von zwei Wochen im Ge-spräch; dann wurden 3 plus 2 Wochen Osterferien be-schlossen. Jetzt (wir sind gerade in der vierten Woche) ist ein Ende nicht in Sicht und keiner weiß, wie's weiter geht: Die Grundschüler brauchen dringend regelmäßigen (fach-kundigen) Unterricht und natürlich auch die sozialen Kon-takte; den Prüfungsklassen in allen Schulen und Schular-ten läuft die Zeit weg; auf den Fernunterricht (wie es jetzt gerade geschieht) sind die wenigsten Schulen eingestellt, vor allem nicht so eine lange Zeit.
Tatsächlich ist es so, dass viele Eltern an ihre Grenzen ge-raten. Sie haben Mühe, die Kinder „bei Laune zu halten", wo sie ja selbst auch belastet sind. Die Lerninhalte der Kinder brauchen Begleitung, die eben nicht jeder Vater o-der jede Mutter leisten kann. All das zerrt an den Nerven. Die Schere bei Versorgung und Begleitung der Kinder und Jugendlichen in der Bildung geht auseinander: Ein Teil be-kommt Unterstützung von zu Hause, der andere nicht; ein Teil wird von der Schule mit Lerninhalten begleitet, der andere nicht; ein Teil ist ohne Weiteres in der Lage sich den Stoff selbst anzueignen, der andere braucht Hilfe; ein Teil hat zu Hause ideale Möglichkeiten mit einem eigenen Zimmer, Schreibtisch und Computer, der andere sitzt mit

zwei Brüdern am Küchentisch in einer Dreizimmerwohnung und hat, wenn's gut geht, ein internetfähiges Handy. Und die soziale Ungleichheit wird immer mehr zementiert.

Es ist erstaunlich, mit welcher Kreativität viele Lehrer an die Sache herangehen – denn vorbereitet ist keiner. Die Digitalisierung der Schulen hat hier gute und wertvolle Dienste geleistet – aber nur dort, wo sie bereits fortgeschritten ist.

Dies ändert aber nichts an der allgemeinen Verunsicherung, fehlten doch die täglichen Routinen. Gewohnte Rituale verschwinden und die Menschen wissen nicht, was noch auf sie zukommt. Gerade jetzt wäre eine vertraute Gesprächsmöglichkeit dringend notwendig, aber auch das geht nicht mehr so ohne Weiteres.

Wir erfahren die Situation ja an eigenem Leib: Wir wissen nicht, wann wir unsere Kinder, unsere Enkel (also Euch!) wiedersehen werden und sie gefahrlos in den Arm nehmen können. Der Urlaub fällt zuerst einmal weg und weitere Reisen sind auf unbestimmte Zeit unsicher, denn keiner weiß, wann die Grenzen wieder geöffnet werden. Der Kontakt zu Freunden und Kollegen ist von Vorsicht und Distanz geprägt, und wo vorher Nähe und Herzlichkeit war, ist jetzt Verunsicherung; zu den Schülern ist teilweise überhaupt kein persönlicher Kontakt mehr möglich.

Die Krise ist noch nicht vorbei, also kann ich Euch kein Happyend bieten; ich kann noch nicht einmal schildern, wie es weitergeht, denn die Lage ändert sich von Tag zu Tag (gegenwärtig hat man sich auf einen Zwei-Wochen-Rhythmus für die Überprüfung und Ergänzung der Maßnahmen geeinigt). So wird die Unsicherheit, und damit verbunden die Angst, uns weiter im Griff haben. Allerdings ist die Gelegenheit zu einer kleinen Bestandsaufnahme vielleicht günstig.

Wir kommen an unsere Grenzen, das merken wir ganz deutlich. Ein winziges Virus (das nicht einmal einen eigenen Stoffwechsel besitzt) hat innerhalb weniger Wochen die ganze Welt aus den Angeln gehoben: Wirtschaft, soziales Leben, Bildung – alles kommt ins Stocken.

Und plötzlich wird alles möglich: Gesetzesvorhaben konnten früher Monate dauern; jetzt, wo die Zeit drängt, geht es plötzlich an einem Tag. Gelder, riesige, unvorstellbare Summen können auf einmal fließen – für die Wirtschaft, die ja wieder ins Laufen kommen muss. Der politische Egoismus der vergangenen Jahre tritt (leider nicht überall) in den Hintergrund und auch im Alltag ist eine deutliche Tendenz zu sozialer Verantwortung spürbar.

Durch das Ausbreichen der Coronapandemie sind die meisten anderen gesellschaftlichen und politischen Ereignisse in den Hintergrund gerückt. Aber es gibt sie noch, die anderen Probleme.

Die Flüchtlingslager in Griechenland sind weiterhin voll – auch wenn keiner mehr davon spricht. Die Alten, die dort am Virus zu sterben drohen, sind kein Thema – auch nicht die Kinder und Jugendlichen, die dort buchstäblich vor die Hunde gehen. Wir sehen in erster Linie nur unsere eigene Lage.

Klimawandel war lange Zeit das beherrschende Thema; den allermeisten Menschen ist klar, dass da etwas geschehen muss. Auch dieses Thema ist aus den Medien verschwunden. Und ich wundere mich, wie wenig es jetzt ein Problem ist, den internationalen Luftverkehr (als einen wichtigen Verschmutzer) radikal zu drosseln; dies geschieht sogar in einem Maße, dass viele Flughäfen schließen müssen.

Die Globalisierung zeigt uns auf einmal ein anderes Gesicht. Wir sehen nicht nur die schöne Seite von billiger Produktion und arbeitsteiliger Wirtschaft, sondern auch die Abhängigkeit, in die die Staaten sich begeben; die billigen Massenprodukte, wie zum Beispiel Gesichtsmasken, bleiben aus und die gravierenden Folgen haben wir alle zu tragen.

Der Staatsegoismus und Populismus bekommt die Folgen seines eigenen Handelns zu spüren; die Nationen haben in erster Linie ihr eigenes Wohlergehen im Blick (was ja nicht schlecht sein muss), aber Solidarität und gegenseitige Unterstützung ist nicht mehr selbstverständlich.

Ein Punkt ist mir besonders aufgefallen: Das Coronavirus macht keinen Unterschied; es befällt alle Menschen gleichermaßen.

Wenn wir jetzt in unsere Weltgeschichte schauen – sagen wir einmal die letzten 3 Milliarden Jahre – stelle ich fest, das sich eines ständig wiederholte: In Krisen kann Neues entstehen! Solange alles gut läuft, gibt es keinen Grund etwas zu ändern. Wenn's aber schwierig wird, wenn es Probleme gibt, dann braucht es auch neue Wege und neue Lösungen. Dies gilt für frühe Formen des Lebens genauso wie für Saurier, höhere Säugetiere, wie zum Beispiel den Menschen, und auch in unserer modernen Welt.

Keiner weiß genau, wie es weitergehen wird; aber wir sind wachgerüttelt und haben deutlich spüren dürfen, dass wir nicht unangreifbar sind. Wir sind alle gleichermaßen verletzlich, Reiche wie Arme, unabhängig von der Nation oder der Religion, gleichgültig, ob Mann oder Frau. Denn vor dem Virus sind wir alle gleich. Die Arroganz der politischen oder wirtschaftlichen Vorherrschaft einer bestimmten Nation, Macht, Hautfarbe oder Religion wurde ad absurdum geführt. Wenn es aus dieser Krise etwas zu lernen gibt, dann vermutlich die Tatsache, dass wir Menschen einem winzigen Krankheitserreger machtlos ausgeliefert sind und eben nicht die Krone der Schöpfung, die alles in der Hand hält.

Im Moment dürfen wir die Probleme, die wir angerichtet haben, selbst ausbaden, beziehungsweise versuchen, sie wieder in wieder in Ordnung zu bringen. Vielleicht schaffen wir es ja doch noch, dass wir nicht alles kaputt machen, sondern Euch – meine lieben Enkel - eine Welt hinterlassen, die noch nicht komplett zerstört ist.

April 2020

Abschlussbemerkung

Es waren viele Menschen an der Entstehung dieses Buches beteiligt. Häufig musste ich zum Telefon greifen und mich wegen einer Einzelheit oder eines größeren Zusammenhanges rückversichern. Trotzdem werde ich hier keine Aufzählung von einzelnen Namen beginnen.

Ich danke allen, die mir geholfen haben: manche ganz bewusst, andere so nebenbei („kannst du dich noch erinnern…") und ganz viele ohne es eigentlich zu wollen. Es war jede Hilfe wichtig, und Unterstützung bekam ich von vielen Seiten.

Dieses Buch wurde sehr wichtig für mich: Zum einen möchte ich meinen Enkeln (und allen Enkeln) etwas ganz Persönliches mitgeben (und was wäre persönlicher als die eigene Geschichte), zum anderen wurde mir – beim Schreiben – eben diese Geschichte in vielen Teilen sehr bewusst und so manches habe ich neu erlebt oder auch neu bewerten können.

Heute bin ich sehr froh über dieses Buch und sehr lange war ich nicht einmal sicher, ob ich es überhaupt veröffentlichen will – und zu hundertprozentig weiß ich es jetzt noch nicht. Ich bin mir nicht ganz sicher, ob ich meine Geschichte so aus der Hand geben möchte.

Informationen in eigener Sache

Zur Reihe „Mit Bibel überLeben"

In der Reihe „Mit Bibel überLeben" können neue Wege eines meditativen Umgangs mit der Bibel und ihre zeitlose Wahrheit entdeckt werden. Die einzelnen Bände stellen immer wieder die Frage: Was können diese alten Texte dem rationalen Menschen der Gegenwart sagen?

Die Konzentration auf einzelne bekannte oder weniger bekannte Bibelstellen, bzw. Themenbereiche erleichtert es dem Leser, den Inhalt zu erschließen. Die Geschichten, Gebete, Prosagedichte, meditativen Texte und Auslegungen entfalten eine große Breite an aktueller und erlebter Spiritualität. Teilweise werden biblische Szenen aufgegriffen, teilweise werden die Motive in die heutige Zeit übertragen – aber immer ist der Mensch, als Hörer des Wortes, mit seinem unmittelbaren Leben und Erleben der Ausgangspunkt.

Die Texte geben Anregungen in der persönlichen Auseinandersetzung mit Fragen, die das Leben aufgibt, bzw. für die Predigt- und Gottesdienstvorbereitung; sie eignen sich aber genauso zum Einsatz im Unterricht und in der Erwachsenenbildung, wie auch zum "Text-teilen".

Die ersten fünf Bände erschienen zuerst als E-Books mit reichhaltiger Bebilderung als Angebote zur Besinnung und Meditation; etwas später wurden die Texte (ohne Bilder) in der „Textsammlung" zusammengefasst.

Die Reihe „Mit Bibel überLeben" versucht, (scheinbar) unlösbare Rätsel und Fragen zur Bibel aufzugreifen und auf Antworten zu hören, die sich in der Meditation erschließen können.

Im aktuellen sechsten Band der Reihe „Wie kommt das Kamel durchs Nadelöhr" ist eine Themenübersicht, ein ausführliches Bibelstellen- sowie ein Stichwortverzeichnis enthalten.

„Der verlorene Sohn oder eine Geschichte von Verlust und Neubeginn"

Ausgehend vom Bibeltext Lk 15,11-32 wird das Gleichnis in die Realität des 21. Jahrhunderts hineingestellt. Die Texte thematisieren das Scheitern der eigenen Existenz und die schmerzhafte Suche nach Heilung, ebenso wie Generationenkonflikt und Rivalität zwischen Geschwistern. Dabei wird, anders als in der biblischen Vorlage, ein besonderes Augenmerk auf die Begegnung der Brüder gelegt.
In den Texten werden die Facetten des modernen Lebens ausgebreitet, aber genauso die Innerlichkeit von Verzeihung und Neubeginn. Sie zeigen die ungebrochene Aktualität des 2000 Jahre alten Gleichnisses und bieten eine neue Leseweise an, die sich gerade in der Reflexion vor dem Hintergrund der Moderne sowie der eigenen Erfahrung niederschlägt und ermöglichen so die Chance der Selbstreflexion und der kritischen Überprüfung der eigenen Lebenspraxis.

BoD-E-Short, ca. 53 Seiten, 19 Bilder, 3,49 €
ISBN: 9783744897495

„Mord, Totschlag und Folter in der Bibel – die dunkle Seite des Menschen"

Der Brudermord Kains an Abel (Gen 4,1-16), die ordinäre Selbstinszenierung eines zutiefst gewalttätigen Menschen im Lamechlied (Gen 4,23f) und eine minutiös geschilderte Folterszene im 2. Makkabäerbuch (2.Mak 7) – die Bibel spart nicht an Darstellungen dieser dunklen und beängstigenden Seite des Menschen.

In sechs meditativen Texten versucht der Autor eine vorsichtige Annäherung an das Phänomen der Gewalt. Dabei sieht er den heutigen Menschen als Adressaten der Bibelworte und stellt die Frage, wieviel von Kain, Lamech oder den Folterknechten in uns steckt, wie wir damit umgehen und was die Texte uns zu sagen haben. Er nimmt neben der individuellen Verantwortung auch gesellschaftliche Ursachen in den Blick.

Andreas Sperling-Pieler versucht, Platz für Fragen im inneren Chaos zu schaffen, welches die Wahrnehmung von Gewalt in uns hinterlässt. Für ihn ist es gerade der Blick auf menschliche Erfahrungen wie Verzweiflung und den fehlenden Halt, die den Weg zu mehr Klarheit öffnen können.

BoD, E-Short: 43 Seiten, 10 Bilder, 2,99 €
ISBN: 9783744897631

Der **„Adventskalender für Erwachsene"** wendet sich ausdrücklich auch an Menschen, die der Kirche und dem Glauben kritisch, ablehnend oder indifferent gegenüber stehen.

In 31 Episoden wird für jeden Tag im Dezember in einer freien Neuerzählung die gesamte Weihnachtsgeschichte abgebildet. Jede der einzelnen Stationen ist mit Impulsen zur individuellen Weiterarbeit ergänzt; im E-Book laden Abbildungen zur Ruhe und Reflexion ein.

Andreas Sperling-Pieler setzt biblische und historische Fakten in einen neuen Rahmen und fragt nach der Relevanz für den heutigen Menschen in seinem gesellschaftlichen und individuellen Sein, gerade auch unabhängig von traditionellen religiösen Zusammenhängen. Die kurzen meditativen Impulse sind ein Angebot zur individuellen Reflexion über Facetten unseres Lebens und unseres Mensch-Seins.

BoD, E-Short: ca. 51 Seiten, 31 Bilder, 3,49 €
ISBN: 9783744899864

„Mysterien der Bibel: Verklärung, Kreuzigung und Auferstehung"

„Das war wirklich ein gerechter Mensch", so hören wir in Lk 23,47 den römischen Hauptmann am Kreuze Jesu. Welchen Sinn machen diese Worte der Heiligen Schrift von jemandem, der nicht nur politisch, sondern wohl auch religiös auf einer völlig anderen Seite stand? Was kann uns diese Episode mit dem krassen Außenseiter im frühchristlichen Umfeld sagen? Und was hat das mit Schuld zu tun? Gibt es da auch für uns Heutige, die wir oft genug den religiösen Mysterien doch eher kritisch gegenüberstehen, etwas zu lernen?
Die Kreuzigung wird aus der Sicht des römischen Hauptmanns neu erzählt. Der Focus wird dabei auf die Frage der Schuld gelegt

Daneben werden auch die Transzendenz der Verklärung in der Markus-Apokalypse (Mk 9,2-10) und die nachösterliche Auferstehungserfahrung betrachtet.
Andras Sperling-Pieler wählt dazu unterschiedliche Perspektiven und Stilmittel. Er will mit seinen Texten den Blick für Antworten öffnen, die uns nur in der Spiritualität gegeben werden können.
Das Büchlein hat seinen Platz in der seelsorgerlichen Arbeit, genauso wie in der individuellen Auseinandersetzung und der Erwachsenenbildung.

BoD, E-Short ca. 51 Seiten, 17 Bilder, 2,49 €
ISBN: 9783746064895

„Über Lähmung und Erstarrung – von Flucht und Rettung" thematisiert diese existentiellen Lebenserfahrungen aus völlig unterschiedlichen Blickwinkeln. In 12 Texten betrachtet Andreas Sperling-Pieler Situationen, die uns, sowohl im Kleinen, als auch im Großen, ereilen können.

Die Texte, Geschichten, Auslegungen und Gebete thematisieren Gegebenheiten, die uns alle mehr oder weniger stark betreffen: Es geht um Menschen, die gegen sich selbst kämpfen und an sich, bzw. an der Situation, in die sie sich gestellt sehen, verzweifeln und um Wege ringen. Dabei lässt der Autor einzelne Bibelstellen immer wieder durchscheinen und bietet mögliche Deutungen, auch – oder gerade – für uns heute, behutsam an.

„Über Lähmung und Erstarrung – von Flucht und Rettung" ist geschrieben für alle Menschen in Krisen und für deren Umfeld (das oftmals genauso leidet). Es kann Chancen für einen neuen Blick auf Lebensvollzüge bieten und überraschende Perspektiven aufzeigen.

Es eignet sich für den privaten Gebrauch und zum „Textteilen", bietet aber auch im Unterricht, der Katechese, der Arbeit mit und in Gruppen, sowie der Predigtvorbereitung Anregungen und Impulse.

BoD, E-Short, ca. 100 Seiten, 53 Bilder, 7,49 €
ISBN: 9783752812138

„Wie kommt das Kamel durch's Nadelöhr"

Es gibt sie, die deutlichen Worte, klaren Aussagen und wachrüttelnden Botschaften in der Bibel. Sie ist beileibe kein Märchenbuch mit frommen Geschichten, sondern fordert eindeutiges Handeln von uns und bietet uns in kritischen Situationen durchaus Hilfen, auch zur Reflexion.

In den 13 Texten des Buches, ausgewählt aus dem Alten und Neuen Testament, werden wir mit Machtmissbrauch in vielerlei Hinsicht konfrontiert. Die Texte haben dabei immer den Unterdrückten, Rechtlosen und Unterprivilegierten sowie den Menschen in seiner inneren Zerrissenheit im Blick. Allerdings schrecken uns die biblischen Maximalforderungen oft ab und die zum Teil radikalen Positionen erscheinen lebensfremd und unrealistisch.

In verschiedenen Ansätzen, auf ganz unterschiedliche Weise, bietet der Autor neue Sichtweisen und neue Blickwinkel an und möchte so einen Beitrag zur Neuentdeckung der Heiligen Schrift leisten.

Das Buch ist für Predigt und Katechese geeignet, genauso wie für Schule und den privaten Gebrauch.

BoD, Paperback: 188 Seiten, 10,00 €
E-Book: 5,49 €
ISBN: 9783750426856

„Textsammlung"

In der Textsammlung sind die Texte der ersten fünf E-Shorts in gedruckter Form (ohne Bilder) zusammen gefasst.

Sie eignet sich gerade für Erwachsenenbildung, Schule oder Jugendarbeit als reichhaltiger Fundus an Texten und Themen. Dies trifft genauso auf die Gemeindearbeit, die Vorbereitung für Katechese und Predigt zu.

BoD Paperback: 248 Seiten, 10 €
ISBN: 9783752805857
BoD E-Book: 5,99 €
ISBN: 9783752871104

In Vorbereitung:

Stress und Burnout (Arbeitstitel)

Der Autor versucht, die Psychologie des Stressphänomens mit biblischen Texten zu verknüpfen; damit kann Unterstützung und Hilfe zum Verständnis des Stressphänomens geleistet werden.

In zwanzig Schritten wird die Entstehung von Stress und die Auswirkung auf den Menschen aufgezeigt. Zu den Grafiken der einzelnen Belastungsstufen werden - jeweils durch Texte aus der Bibel - neue Impulse gesetzt und so eine andere Sichtweise angeboten und ermöglicht.

Der Titel erscheint in der Reihe „Mit Bibel überLeben"

BoD Paperback: ca. ca. 120 Seiten, 20 Grafiken; Erscheinungstermin vermutlich Mitte 2021, 10 €

Weitere Titel

„Ruheelemente im Unterricht" ist im Zusammenhang einer Lehrerfortbildung im beruflichen Schulwesen (Gewerbeschule) entstanden. Der Aufsatz bietet neben methodischen Ansatzpunkten auch Hilfen zur praktischen Einführung des „Stillen Impulses" als wiederkehrendes Unterrichtselement.

Der Autor hat neben dem Religionsunterricht durchaus auch andere Unterrichtsfächer bis hin zur Überprüfung des eigenen Lehrerhandelns im Blick. Er bietet diverse Meditationsmethoden, z.T. für die individuelle Weiterarbeit für Schüler und Schülerinnen aufbereitet. Ergänzt wird die Arbeit durch Ergebnisse aus verschiedenen Schülerbefragungen.

BoD, E-Short: ca 49 Seiten, 0,49 €
ISBN: 9783743161962

„IRP Lernimpulse für den katholischen Religionsunterricht an Beruflichen Schulen"
Rätsel mit Material-CD

Immer wieder gibt es im Unterricht Phasen, in denen eine ruhige Einzelbeschäftigung angebracht oder nötig ist, eine Beschäftigung, die dem Einzelnen (Schüler wie Lehrer) die Möglichkeit gibt, wieder zu sich und zum Thema zu finden.

In den „Lernimpulsen finden sich vielfältige Anregungen und Kopiervorlagen dazu.

Paperback (Din A 4): 117 Seiten, illustriert, mit Material-CD, 15,00 €

erhältlich bei IRP Freiburg, Habsburgerstraße 107, 79104 Freiburg

Zum Autor

Andreas Sperling-Pieler arbeitet seit 1982 als Religionslehrer an einer Gewerbeschule am Hochrhein.
In seiner Arbeit legt er einen besonderen Fokus auf den Zugang der jungen Erwachsenen zu einer erlebten Innerlichkeit und Spiritualität. Hier versucht er mit neuen Wegen, seine Schüler zu erreichen und durch vielfältige meditative Methoden Handlungsperspektiven in einer immer unübersichtlicheren Welt zu vermitteln. Seit einiger Zeit nutzt er dazu – und auch zur eigenen Reflexion – selbst verfasste Texte, in denen er unter dem Blickwinkel der Bibel Dimensionen des Mensch-seins beleuchtet.

Andreas Sperling-Pieler hat neben dem Studium der Religionspädagogik (FH 1982) Soziale Verhaltenswissenschaft und Politikwissenschaft (B.A. 2005) studiert, sowie eine Ausbildung zum Meditationsleiter (1997) gemacht. Zwischen 2003 und 2010 beendete er zwei mehrjährige Weiterbildungen zu Beratung und Begleitung.
Er lebt heute mit seiner Frau am Hochrhein, hat zwei erwachsene Kinder und vier Enkelkinder.